Münsterische Beiträge zur Rechts- und Staatswissenschaft
Herausgegeben von der
Rechts- und Staatswissenschaftlichen Fakultät
der Westfälischen Wilhelms-Universität Münster
Heft 5

DER ALLGEMEINE GLEICHHEITSSATZ UND DIE AUFGABE DES RICHTERS

EIN BEITRAG ZUR FRAGE DER JUSTITIABILITÄT VON ART. 3 ABS. 1 DES BONNER GRUNDGESETZES

VON

WERNER BÖCKENFÖRDE

Berlin 1957

WALTER DE GRUYTER & CO.

vormals G. J. Göschen'sche Verlagshandlung / J. Guttentag, Verlagsbuchhandlung / Georg Reimer / Karl J. Trübner / Veit & Comp.

D 6

Archiv-Nr. 27 00 57/4
Satz: Walter de Gruyter & Co., Berlin W 35
Druck: Berliner Buchdruckerei Union GmbH., Berlin SW 29

DEM HOCHWÜRDIGSTEN HERRN PRÄLATEN
BOTSCHAFTSRAT PROFESSOR DR. JOSEF HÖFER, ROM

— *während meines rechtswissenschaftlichen Studiums an der Universität Münster (Westfalen) Direktor des Erzbischöflichen Theologenkonviktes in Paderborn* —

IN DANKBARKEIT UND VEREHRUNG

VORWORT

„Il n'y a que les gens attentifs et clairvoyants qui aperçoivent les périls dont l'égalité nous menace, et d'ordinaire ils évitent de les signaler. Ils savent que les misères qu'ils redoutent sont éloignées, et ils se flattent qu'elles n'atteindront que les générations à venir, dont la génération présente ne s'inquiète guère. Les maux que la liberté amène quelquefois sont immédiats; ils sont visibles pour tous, ettous, plus ou moins, les ressentent. Les maux que l'extrême égalité peut produire ne se manifestent que peu à peu; ils s'insinuent graduellement dans le corps social; on ne les voit que de loin en loin, et, au moment où ils deviennent le plus violents, l'habitude a déjà fait qu'on ne les sent plus."

Dieses aus dem Jahre 1840 stammende Zitat[1]) des französischen Historikers und Philosophen Alexis de Tocqueville (1805—1859) trifft wohl auf niemand besser zu als auf den Autor selbst. Mochte seine weitsichtige und scharfsinnige Analyse der modernen Demokratie und des sie tragenden Prinzips der egalité seinen Zeitgenossen als groteskes Produkt einer finsteren Phantasie erschienen sein, wir müssen sie heute, nach beinahe 120 Jahren, in ihren wesentlichen Zügen als Schilderung unserer eigenen Wirklichkeit erkennen[2]).

Wenn dieses Zitat hier einer Dissertation über die Bedeutung des allgemeinen Gleichheitssatzes für den Richter vorangestellt wird, so geschieht das, um die — fast politische — Aktualität anzudeuten, die jeder Untersuchung über das Phänomen der Gleichheit heute zwangsläufig zukommt, gleichgültig, von welchem Formalaspekt aus sie den Gegenstand angeht. Das hat seinen Grund in der Überbeanspruchung, die der Begriff der Gleichheit erfahren hat, seitdem man seinen Inhalt zur politischen Forderung erhob bzw. erniedrigte.

Diese Aktualität, die dem Problem der rechtlichen Gleichheit nicht minder zukommt, stellt aber auch eine erste Schwierigkeit für die Behandlung des Themas dar: es fehlt zunächst der an sich notwendige Abstand, um einem solch aktuellen Problem objektiv zu begegnen.

Eine weitere Schwierigkeit liegt im Gegenstand selbst, nämlich in der schon angedeuteten inneren Spannung (genauer: der Komplexität der einzelnen Begriffsmerkmale), die auch dem Begriff der rechtlichen Gleichheit zugrunde liegt, und die daher eine besondere begriffliche Schärfe verlangt, um das rechtlich jeweils Wesentliche genau zu erfassen.

---

[1]) Alexis de Tocqueville, De la démocratie en Amérique, II. Teil, 1. Kap (Ausg. J. P. Mayer, Tome I, Abt. 2, Gallimard 1951, S. 103).

[2]) Vgl. Alexis de Tocqueville, Das Zeitalter der Gleichheit, Eine Auswahl aus dem Gesamtwerk, hrsg. von Friedrich Landshut, Stuttgart 1954, S. XXVI.

Schließlich wird die Bearbeitung durch eine schier unübersehbare Flut von Literatur erschwert, deren lückenlose Bewältigung von vornherein ausgeschlossen ist. Nicht selten wird gerade diese Schwierigkeit in der Literatur besonders hervorgehoben[1]).

Deshalb wäre es vermessen, im Rahmen einer Dissertation eine neue Theorie der rechtlichen Gleichheit entwickeln zu wollen. Es kann sich hier immer nur um den Versuch handeln, schon Gedachtes gelegentlich anders zu akzentuieren, zu trennen oder zu verbinden oder hier und da auch etwas zu vertiefen. Sollte es gelingen, gewisse Vereinfachungen, andererseits aber auch die Richtung aufzuzeigen, in die m. E. weitere Überlegungen zielen müßten, so wäre der Zweck der Untersuchung erreicht. Die Arbeit wurde im April 1956 abgeschlossen.

*

Der Rechts- und Staatswissenschaftlichen Fakultät der Westfälischen Wilhelms-Universität in Münster sei auch an dieser Stelle für die Aufnahme der Arbeit in ihre Schriftenreihe gedankt.

Paderborn, 7. März 1957 W. B.

---

[1]) So schreibt Hans Peter Ipsen einmal in diesem Zusammenhang in seinem Artikel „Gleichheit", in: Die Grundrechte, hrsg. von Neumann-Nipperdey-Scheuner, Bd. 2, Berlin 1955, S. 111—198, 113: „Ein Blick auf die bisherigen theoretischen Bemühungen dieser Art, die deutsche Judikatur seit 1945 und die fremder Staaten, unter ihnen vornehmlich der USA, Frankreichs und der Schweiz, ist geeignet, an jedem neuen Versuch dieser Art von Beginn an zu verzweifeln."

INHALTSÜBERSICHT

LITERATURVERZEICHNIS

Adler, Franz, Der Grundsatz der Gleichheit vor dem Gesetze und seine Bedeutung in den modernen Verfassungen, in Nation und Staat, 5. Jahrgang (1931/32), S. 217–237.

Aldag, Heinrich, Die Gleichheit vor dem Gesetz in der Reichsverfassung, Berlin 1925.

Anschütz, Gerhard, Die Verfassung des Deutschen Reiches, 14. Aufl., Berlin 1933.

Apelt, Willibalt, Die Gleichheit vor dem Gesetz nach Art. 3 I GG, in JZ 1951, S. 353–359.

— Verfassung und richterliches Prüfungsrecht, in JZ 1954, S. 401–405.

Aristoteles, Nikomachische Ethik, Ausg. der Königl. preuß. Akademie, hrsg. v. Bekker, Berlin 1831.

Bachof, Otto, Begriff und Wesen des sozialen Rechtsstaates, in VVDStL Heft 12, Berlin 1954, S. 37–85.

— Verfassungswidrige Verfassungsnormen? Tübingen 1951.

Beitzke, Günther, Gleichheit von Mann und Frau, in Die Grundrechte, herausgegeben von Neumann-Nipperdey-Scheuner, Bd. 2, Berlin 1955, S. 199–242.

Bericht, Schriftlicher Bericht zum Entwurf des Grundgesetzes, Bonn 1949.

— Bericht über den Verfassungskonvent auf Herrenchiemsee v. 10.–23. 8. 1948, herausgegeben vom Verfassungsausschuß d. Ministerpräsidenten-Konferenz der westl. Besatzungszonen, München o.J. (1948).

Beyer, Walter, Zur Gesamtstrafenbildung nach § 79 StGB, in DRZ 1949, S. 176.

Bötticher, Eduard, Der Anspruch auf Gleichbehandlung im Arbeitsrecht, in RdA 1953, S. 161–169.

— Die Gleichheit vor dem Richter. Rektoratsrede, Hamburg 1954.

Bogs, Walter, Die Gleichheit vor dem Gesetz und das Sozialversicherungsrecht, in Die Ortskrankenkasse 1953, S. 423–428.

Bonner Kommentar, Kommentar zum Bonner Grundgesetz. Von H. J. Abraham, O. Bühler u. a. Redaktionelle Bearbeitung Bodo Dennewitz, Hamburg 1950ff. Die zitierten Stellen sind sämtlich von Wernicke bearbeitet.

Briner, Robert, Zur Funktion der Gleichheit in der menschlichen Gerechtigkeit, Aarau 1949.

Brunner, Emil, Gerechtigkeit, Zürich 1943.

Burckhardt, Walter, Kommentar der Schweizerischen Bundesverfassung v. 29. 5. 1874, 3. Aufl., Bern 1931.

Canter, Karl, Gleichberechtigung und Richterrecht, in NJW 1953, S. 850ff.

Curti, Eugen, Das Prinzip der Gleichheit vor dem Gesetz, Berner Diss. 1888.

Dietz, Rolf, Betriebsverfassungsgesetz, Kommentar, 2. Aufl., München und Berlin 1955.

Dix, Wolfgang, Das Grundrecht der Gleichheit und die Rechtssetzung, Marburger Diss. 1937.

v. Doemming-Füßlein-Matz, Entstehungsgeschichte der Artikel des Grundgesetzes, in JöR NF Bd. 1 (1951).

Drath, Martin, Die Grenzen der Verfassungsgerichtsbarkeit, in VVDStL Heft 9, Berlin 1952, S. 15–116.

Dürig, Günter, Das Eigentum als Menschenrecht, in ZgesStaatswiss. Bd. 109 (1953) S. 326–350.

Engisch, Karl, Logische Studien zur Gesetzesanwendung, Heidelberg 1953.

Enneccerus-Nipperdey, Lehrbuch des Bürgerlichen Rechts, Bd. 1, Allg. Teil, 14. Aufl., bearb. v. Hans Carl Nipperdey, Tübingen 1952.

Esser, Josef, Einführung in die Grundbegriffe des Rechtes und Staates, Wien 1949.

Fleiner, Fritz, Institutionen des Deutschen Verwaltungsrechts, 8. Aufl. Tübingen 1928.

Fleiner, F. u. Giacometti, Z., Schweizerisches Bundesstaatsrecht, Zürich 1949.

Forsthoff, Ernst, Anmerkungen zum Urteil des OVG Lüneburg v. 19. 6. 1950, in AöR 76 Bd. (1950/51), S. 369—376.
— Begriff und Wesen des sozialen Rechtsstaats, in VVDStL Heft 12, Berlin 1954, S. 8—36.
— Lehrbuch des Verwaltungsrechts, 1. Bd., 5. Aufl., München und Berlin 1955, zit.: Forsthoff, Lehrbuch.
— Über Maßnahme-Gesetze, in Forschungen und Berichte aus dem öffentlichen Recht, Gedächtnisschrift für Walter Jellinek, München 1955, S. 221—236, zit.: Forsthoff, Maßnahmegesetze.

Frey, Erich Der Grundsatz der Gleichbehandlung im Arbeitsrecht, München und Düsseldorf 1954.

Friedrichs, Karl, Gleichheit vor dem Gesetz, in JW 1927, S. 425—427.

Friesenhahn, Ernst, Über Begriff und Arten der Rechtsprechung, in Festschrift für Richard Thoma zum 75. Geburtstag, Tübingen 1950, S. 21—70.
— Die Staatsgerichtsbarkeit, in HDStR Bd. II, S. 523—545.

Gierke, Otto von, Deutsches Privatrecht, Bd. 1, Leipzig 1895.

Giese, Friedrich, Grundgesetz für die Bundesrepublik Deutschland v. 23. 5. 1949, 4. Aufl., Frankfurt a. M. 1955.

Hamann, Andreas, Zur Rechtsprechung zu den Art. 2 und 3 des Bonner Grundgesetzes, in DöV 1952, S. 132—135.
— Willkür im objektiven Sinne, in NJW 1956, S. 370.

Hatschek, Julius, Deutsches und Preußisches Staatsrecht, 1. Bd., Leipzig 1922.

Heller, Hermann, Die Souveränität, Berlin und Leipzig 1927.
— Staatslehre, Leiden 1934.

Hensel, Albert, Die Abänderung des Steuertatbestandes durch freies Ermessen und der Grundsatz der Gleichheit vor dem Gesetz, in Vierteljahresschrift für Steuer- und Finanzrecht, Jg. 1 (1927) S. 39—131.

Hesse, Konrad, Der Gleichheitsgrundsatz im Staatsrecht, in AöR Bd. 77 (NF Bd. 38), 1951/52, S. 167—224.

Hippel, Ernst von, Zur Auslegung des Art. 109 I der Reichsverfassung, in AöR NF Bd. 10 (1926), S. 124—152.

Huber, Ernst Rudolf, Bedeutungswandel der Grundrechte, in AöR NF Bd. 23, 1933, S. 1—98, zit.: Huber, Bedeutungswandel.
— Wirtschaftsverwaltungsrecht, 2. Aufl., 1954.

Huber, Hans, Die Verfassungsbeschwerde. Vergleichende und kritische Betrachtungen, Karlsruhe 1954.

Hueck, Alfred, Die Bedeutung des Art. 3 des Bonner Grundgesetzes für die Lohn- und Arbeitsbedingungen der Frau (Rechtsgutachten), Köln 1951 (zit.: Bedeutung).
— Besprechung zu Erich Frey, Der Grundsatz der Gleichbehandlung im Arbeitsrecht, in RdA 1954, S. 397.
— Besprechung eines Urteils des Landesarbeitsgerichts Stuttgart v. 16. 8. 1950, in RdA 1950, S. 471/72.

Ipsen, Hans Peter, Gleichheit, in Die Grundrechte, herausgegeben von Neumann-Nipperdey-Scheuner, Bd. 2, Berlin 1955, S. 111—198.

Jahrreiss, Hermann, Die staatsbürgerliche Gleichheit, in HDStR II, S. 624—637.
— Verfassungsrechtsprechung und Verfassungsgericht, in Recht, Staat, Wirtschaft, Bd. IV, Düsseldorf 1953, S. 203—226.

Jellinek, Georg, Die Erklärung der Menschen- und Bürgerrechte, seit der 3. Aufl. bearbeitet von Walter Jellinek, 4. Aufl., Leipzig 1927.

Jellinek, Walter, Die Entlohnung der Frau und Art. 3 II des Grundgesetzes, in BB 5. Jg. (1950), S. 425—427.

Jerusalem, Franz, Das Urteil des Bundesverfassungsgerichts über den Südweststaatsstreit, in NJW 5. Jg. (1952), S. 45—48.

Jhering, Rudolph von, Der Zweck im Recht, 1. Bd., 3. Aufl., Leipzig 1893.

Kaiser, Joseph H., Die Repräsentation organisierter Interessen, Berlin 1956.

Kaufmann, Erich, Die Gleichheit vor dem Gesetz im Sinne des Art. 109 der Reichsverfassung, in VVDStL Heft 3, Berlin 1927, S. 2—23.

Kisch, Wilhelm, Das Prinzip der Gleichbehandlung der Mitglieder beim Versicherungsverein auf Gegenseitigkeit, in Arch. für Rechts- u. Wirtsch. Philosophie, Bd. 20, S. 214—224.

Klein, Friedrich, Bonner Grundgesetz und Rechtsstaat, in ZgesStaatswiss., Bd. 106 (1950), S. 390—411.
— Bundesverfassungsgericht und Südweststaatfrage, in AöR Bd. 77, (1951/52), S. 452—464.
— Rechtsgutachten über verfassungsrechtliche Fragen des Urteils des BAG v. 2. 3. 1955 betreffend Lohngleichheit von Mann und Frau, Düsseldorf (1956) (zit.: Rechtsgutachten).
— Die Übertragung rechtsetzender Gewalt nach deutschem Verfassungsrecht, in Die Übertragung rechtsetzender Gewalt im Rechtsstaat, Frankfurt a. M., 1952, S. 79—117.

Köttgen, Arnold, Ämterpatronage, in DöV 1953, S. 321—326.
— Subventionen als Mittel der Verwaltung, in DVBl. 1953, S. 485—491.

Krüger, Hildegard, Der Gleichbehandlungsgrundsatz als Rechtsgrundlage öffentlich-rechtlicher Gruppenrechte, in DVBl. 1955 S. 178—180 und 208—213.

Leibholz, Gerhard, Die Gleichheit vor dem Gesetz. Eine Studie auf rechtsvergleichender und rechtsphilosophischer Grundlage, Berlin 1925, zit.: Gleichheit 1925.
— Die Gleichheit vor dem Gesetz und das Bonner Grundgesetz, in DVBl. 1951, S. 193—200, zit.: Gleichheit 1951.
— Die Gleichheit vor dem Gesetz. Ein Nachwort zur Auslegung des Art. 109 I Weimarer Reichsverfassung, in AöR NF Bd. 12 (1927), S. 1—36.

Lungwitz, Arno, Die Bedeutung des Grundsatzes der Gleichheit im liberalen und neuen Staatsrecht, Marburger Diss. 1937.

Mainzer, Otto, Gleichheit vor dem Gesetz — Gerechtigkeit und Recht, Berlin 1929.

Mallmann, Besprechung eines Urteils des Bad. OVA, Freiburg v. 18. 7. 1950, in DRZ 1950, S. 411.

Mangoldt, Hermann von, Das Bonner Grundgesetz, Kommentar, Berlin und Frankfurt a. M., 1953, 1. Aufl. (zit.: Kommentar).
— Das Bonner Grundgesetz, Kommentar, 2. erweiterte Aufl., bearbeitet von Friedrich Klein, Lieferung 1, Berlin und Frankfurt a. M. 1955 (zit.: v. Mangoldt-Klein).
— Grundrechte und Grundsatzfragen des Bonner Grundgesetzes, in AöR 75 Bd. (1949), S. 273—290.

Maunz, Theodor, Deutsches Staatsrecht, 5. Aufl., München und Berlin 1956.
— Deutsches Staatsrecht, 4. Aufl., München und Berlin 1955.

Meier-Hayoz, Arthur, Der Richter als Gesetzgeber, Zürich 1951.

Menger, Christian Friedrich, System des verwaltungsgerichtlichen Rechtsschutzes, Tübingen 1954.

Meyer, Paul, Das Prinzip der Rechtsgleichheit in historischer und dogmatischer Betrachtung, Züricher Diss. 1923.

Montesquieu, De l'esprit des lois. Übertr. v. E. Forsthoff, Tübingen 1949.

Nawiasky, Hans, Allgemeine Rechtslehre als System der rechtlichen Grundbegriffe, 2. erweiterte Aufl., Einsiedeln-Zürich-Köln 1948, (zit.: Rechtslehre).
— Die Gleichheit vor dem Gesetz im Sinne des Art. 109 der Reichsverfassung, in VVDStL Heft 3, Berlin und Leipzig 1927, S. 25—43 (zit.: Gleichheit).
— Die Grundgedanken des Grundgesetzes für die Bundesrepublik Deutschland, Stuttgart und Köln 1950 (zit.: Grundgedanken).
— Positives und überpositives Recht, in: JZ 1954, S. 717—719.

Nef, Hans, Gleichheit und Gerechtigkeit, Zürich 1941.

Nelson, Leonard, System der philosophischen Rechtslehre, Leipzig 1920.

Nikisch, Arthur, Arbeitsrecht, Bd. 1, 2. Aufl., Tübingen 1955.

Nipperdey, Hans Carl, Gleicher Lohn für gleiche Leistung, Gutachten, Kurzfassung, in: BB 1951, S. 282—284.
— Gleicher Lohn der Frau für gleiche Leistung, in: RdA 1950, S. 122—128.

Paulick, Heinz, Bericht über die Tagung deutscher Zivilrechtslehrer in Bad Schlangenbad am 16. u. 17. 10. 1953, in: Arch. f. Civilistische Praxis, Bd. 153 (1954), S. 176—182.
— Der Grundsatz der Gleichmäßigkeit der Besteuerung, in: Probleme des Finanz- und Steuerrechts, Festschrift für Ottmar Bühler, Köln 1954, S. 123—184 (zit. ohne Zusatz).

Peters, Hans, Die Satzungsgewalt innerstaatlicher Verbände, in: HDStR Bd. 2, S. 264—274.

Platon, Gesetze (Platonis Opera, Ausgabe Burnet, Tomus V, Pars 1, Oxonii 1906).

Raiser, Ludwig, Der Gleichheitsgrundsatz im Privatrecht, in: ZfHR Bd. 111 (1948), S. 75—101.

Rümelin, Max, Die Gleichheit vor dem Gesetz, Tübingen 1928 (zit. ohne Zusatz).
— Die bindende Kraft des Gewohnheitsrechtes und ihre Begründung, Tübingen 1929.

Salomon, Max, Der Begriff der Gerechtigkeit bei Aristoteles, Leiden 1937.

Schätzel, Walter, Welchen Einfluß hat Art. 3 II GG auf die nach dem 24. 5. 1949 geschlossenen Einzelarbeits- und Tarifverträge? In RdA 1950, S. 248 bis 254.

Scheuner, Ulrich, Der Gleichheitsgedanke in der völkischen Verfassungsordnung, in: ZgesStaatswiss. 99. Bd. (1939), S. 245—276.
— Probleme und Verantwortung der Verfassungsgerichtsbarkeit in der Bundesrepublik, in: DVBl. 1952, S. 293—298.
— Die Rechtsprechung des Bundesverfassungsgerichts, in: DVBl. 1952, S. 613—618 und 645—649.

Schmidt, Eberhard, Gesetz und Richter, Wert und Unwert des Positivismus, Karlsruhe 1952.

Schmitt, Carl, Der Hüter der Verfassung, Tübingen 1931 (zit.: Hüter).
— Inhalt und Bedeutung des zweiten Hauptteils der Reichsverfassung, in: HDStR II, Tübingen 1932, S. 572—606.

Schmitt, Carl, Unabhängigkeit der Richter, Gleichheit vor dem Gesetz und Gewährleistung des Privateigentums nach der Weimarer Verfassung, Berlin u. Leipzig 1926, (zit.: Unabhängigkeit).
— Verfassungslehre, München u. Berlin 1928, (zit.: Verfassungslehre).
— Rechtsstaatlicher Verfassungsvollzug, Rechtsgutachten 1952.

Schmitt, M(argot) E., Recht und Vernunft, Heidelberg 1955.

Schnabel, Franz, Deutsche Geschichte im 19. Jh., Bd. 1, 3. Aufl., Freiburg 1947.
— Geschichte der neuesten Zeit, 6. Aufl., Berlin u. Leipzig 1926.

Schneider, Hans, Verfassungsrechtliche Vorfragen zur Gleichbehandlung von Mann und Frau, in: NJW 1953, S. 889—891.

Schoen, Xaver, Die Normenprüfung durch den Verwaltungsgerichtshof, in Forschungen und Berichte aus dem öffentlichen Recht, Gedächtnisschrift für Walter Jellinek, München 1955, S. 407—418.

Schreier, Fritz, Grundbegriffe und Grundformen des Rechts (Wiener staatswissenschaftliche Studien, NF Bd. 4) Leipzig u. Wien 1924.

Schumann, Hans, Handelsrecht, Bd. 1, Wiesbaden o. J. (1954).

Scupin, Hans Ulrich, Die Gleichberechtigung von Mann und Frau im Bereich des öffentlichen Rechts (unveröffentlichtes) Rechtsgutachten (zit.: Gleichberechtigung).
— Über die Menschenrechte, in: Gegenwartsprobleme des internationalen Rechts und der Rechtsprobleme. Festschrift für Rudolf Laun, Hamburg 1953, S. 173—200.

Siebert, Wolfgang, Privatrecht im Bereich der öffentlichen Verwaltung, in Festschrift für Niedermeyer, Göttingen 1953, S. 215—247.

Stahl, Friedrich Julius, Rechts- und Staatslehre, 1. Abt., 2. Aufl., Heidelberg 1845.

Staudinger, I. von, Kommentar zum BGB und zum Einführungsgesetz, 1. Bd.: Allgem. Teil, 2. Halbband, 10. Aufl., München-Berlin-Leipzig 1936.

Stein, Lorenz von, Die Lehre von der vollziehenden Gewalt, ihr Recht und ihr Organismus (Verwaltungslehre, 1. Teil), Stuttgart 1865.

Stier-Somlo, Fritz, Gleichheit vor dem Gesetz, in: Die Grundrechte und Grundpflichten der Reichsverfassung, herausgegeben von H. C. Nipperdey, Berlin 1929, Bd. 1, S. 177—201.

Thoma, Richard, Grundbegriffe und Grundsätze, in: HDStR II, S. 108—159.
— Grundrechte und Polizeigewalt, in: Festgabe für das Preuß. OVG, Berlin 1925, S. 183—223.
— Das System der subjektiven öffentlichen Rechte und Pflichten, in: HDStR II, S. 607—623.
— Ungleichheit und Gleichheit im Bonner Grundgesetz, in: DVBl. 1951, S. 457—459 (zit.: Ungleichheit).

Thomas von Aquin, Summa Theologiae, Ausg. Petri Caramello, Romae — Taurini 1948.

Tuhr, Andreas von, Der allgemeine Teil des BGB, Bd. 1, Leipzig 1910.

Tocqueville, Alexis de, De la démocratie en Amérique, II. Teil, Ausg. J. P. Mayer, Tome I, Abt. 2, Gallimard 1951.
— Das Zeitalter der Gleichheit. Eine Auswahl aus dem Gesamtwerk, herausgegeben von Siegfried Landshut, Stuttgart 1954.

Triepel, Heinrich, Goldbilanzenverordnung und Vorzugsaktien. Ein Rechtsgutachten, Berlin u. Leipzig 1924.

Ule, Carl Hermann, Über die Auslegung der Grundrechte, in: AöR NF Bd. 21 (1932), S. 37—123.

Weber, Werner, Spannungen und Kräfte im westdeutschen Verfassungssystem, Stuttgart 1951.

Wegener, Ulrich, Der Grundsatz der Gleichheit im Weimarer Staat und seine Wandlung im nationalsozialistischen Reich, Münchener Diss. 1940.

Wegner, Willy, Besprechung zu Leibholz, Die Gleichheit vor dem Gesetz, in Zeitschrift f. Rechtsphilosophie in Lehre und Praxis, 4. Bd., 1929, S. 146 bis 160.

Weinkauff, Hermann, Richtertum und Rechtsfindung in Deutschland, Tübingen 1952.

Wernicke, s. Bonner Kommentar.

Westermann, Harry, Verstößt § 8 Abs. 4 Satz 1 des Genossenschaftsgesetzes gegen das Gleichbehandlungsgebot des Art. 3 GG? (Unveröffentlichtes) Rechtsgutachten 1954 (zit. ohne Zusatz).

— Wesen und Grenzen der richterlichen Streitentscheidung im Zivilrecht, Münster 1955.

Westphalen Fürstenberg, Eduard, Gleichheitsprinzip als Grundrecht, in ZöR Bd. 15 (1935), S. 34—93.

Wintrich, Josef, Aufgaben, Wesen, Grenzen der Verfassungsgerichtsbarkeit, in: Vom Bonner Grundgesetz zur gesamtdeutschen Verfassung, Festschrift zum 75. Geburtstag von Hans Nawiasky, München 1956, S. 191—210.

— Rede in: Ansprachen zur Amtseinführung des Präsidenten des Bundesverfassungsgerichts, Dr. Josef Wintrich, am 9. 6. 1954, Karlsruhe 1954, S. 27ff.

— Über Eigenart und Methode verfassungsgerichtlicher Rechtsprechung, in: Verfassung und Verwaltung, Festschrift für Laforet, München 1952, S. 227—249.

Wolff, Hans J., Der Abwendungsanspruch aus öffentlichen Reflexrechten, insbesondere im Fürsorgerecht, in: Festschrift zur Feier des 25jähr. Bestehens der Westf. Verwaltungsakademie, Münster und d. Verwaltungs- und Wirtschaftsakademie Industriebezirk, Sitz Bochum, Münster-Berlin-Bad Godesberg 1950, S. 119—136.

— Begriff und Kriterium der Wahrheit, in: Gegenwartsprobleme des internationalen Rechts und der Rechtsphilosophie, Festschrift für Rudolf Laun, Hamburg 1953, S. 587—605.

— Die Gerechtigkeit als principium iuris, in: Festschrift für Wilhelm Sauer, Berlin 1949, S. 103—120.

— Rechtsgrundsätze und verfassunggestaltende Grundentscheidungen als Rechtsquellen, in: Forschungen und Berichte aus dem öffentlichen Recht, Gedächtnisschrift für Walter Jellinek, München 1955, S. 33—52 (zit.: Rechtsgrundsätze).

— Theorie der Vertretung, Berlin 1934.

— Der Unterschied zwischen öffentlichem und privatem Recht, in: AöR Bd. 76 (1950/51), S. 205—217.

— Verwaltungsrecht I, München und Berlin 1956 (zit.: Verwaltungsrecht).

Zeidler, Wolfgang, Die Aktualität des Gleichheitssatzes nach dem Bonner Grundgesetz, in DöV 1952, S. 4—7.

Zweigert, Konrad, Gleichberechtigung — judge made? In: JZ 1953, S. 248.

Nachtrag:

Esser, Josef, Grundsatz und Norm in der richterlichen Fortbildung des Privatrechts, Tübingen 1956.

ABKÜRZUNGSVERZEICHNIS

A. A.	Anderer Ansicht
Amtl. Samml.	Amtliche Entscheidungssammlung d. betr. Gerichtes
AöR	Archiv des öffentlichen Rechts
AP	Arbeitsrechtspraxis
Bayr.VerfGE	Entscheidungen des Bayr. Verfassungsgerichtshofes
BAG	Bundesarbeitsgericht
BB	Der Betriebsberater
BFHE	Entscheidungen des Bundesfinanzhofes
BGB	Bürgerliches Gesetzbuch
BGBl. I	Bundesgesetzblatt Teil I
BGH	Bundesgerichtshof
BGHZ	Entscheidungen des Bundesgerichtshofes in Zivilsachen
BVerfG	Bundesverfassungsgericht
BVerfGE	Entscheidungen des Bundesverfassungsgerichts
BVerfGG	Gesetz über das Bundesverfassungsgericht
Diss.	Dissertation
DöV	Die öffentliche Verwaltung
DRZ	Deutsche Rechts-Zeitschrift
DVBl.	Deutsches Verwaltungsblatt
FVG	Finanzverfassungsgesetz
GG	Grundgesetz für die Bundesrepublik Deutschland vom 23. 5. 1949
GenG	Genossenschaftsgesetz
HDStR I, II	Handbuch des Deutschen Staatsrechts, hrsg. von Gerhard Anschütz und Richard Thoma, 2 Bde, Tübingen 1930 und 1932
JöR	Jahrbuch des öffentlichen Rechts
i. S.	im Sinne
i. V. m.	in Verbindung mit
JW	Juristische Wochenschrift
JZ	Juristenzeitung
LAG	Landesarbeitsgericht
LSG	Landessozialgericht
LVG	Landesverwaltungsgericht
NF	neue Folge
NJW	Neue juristische Wochenschrift
OLG	Oberlandesgericht
OVA	Oberversicherungsamt
OVG	Oberverwaltungsgericht
PVG	Preußisches Polizeiverwaltungsgesetz
RdA	Recht der Arbeit
RGZ	Entscheidungen des Reichsgerichts in Zivilsachen
S. th.	Summa theologiae
StGB	Strafgesetzbuch
VerfGH	Verfassungsgerichtshof
VG	Verwaltungsgericht
VVDStL	Veröffentlichungen d. Vereinigung d. Deutschen Staatsrechtslehrer
Verw.Rspr.	Verwaltungsrechtsprechung
WRV	Weimarer Reichsverfassung vom 11. Aug. 1919
ZfHR	Zeitschrift für das Gesamte Handelsrecht und Konkursrecht
ZgesStaatsWiss.	Zeitschrift für die Gesamte Staatswissenschaft
ZöR	Zeitschrift für öffentliches Recht

Einleitung

1. Sinn der Untersuchung

(Erläuterung und Abgrenzung des Themas)

Unter dem *allgemeinen Gleichheitssatz* wird hier wie in der Literatur die in Art. 3 Abs. I GG formulierte Verfassungsbestimmung verstanden: „Alle Menschen sind vor dem Gesetz gleich". Nur um Abs. I des sog. Gleichheitsartikels geht es hier; daher wird von den Abs. II und III sowie von den übrigen die rechtliche Gleichheit betreffenden Vorschriften innerhalb und außerhalb des Grundgesetzes nur insoweit die Rede sein, als das im Hinblick auf Art. 3 Abs. I GG notwendig erscheint. Es sei darum in Abweichung von der üblichen Terminologie gestattet, im folgenden Art. 3 Abs. I einfach als „Gleichheitssatz" zu bezeichnen.

Dagegen gehört der Gleichheitsgrundsatz zum Inhalt des Gleichheitssatzes. Art. 3 I bringt den Gleichheitsgrundsatz zum Ausdruck; dieser ist die Rechtsnorm, die einen Teilinhalt des Gleichheitssatzes ausmacht. Seiner rechtslogischen Struktur nach ist er ein Rechtsgrundsatz, nicht ein Rechtssatz[1]). Wird im folgenden vom Gleichbehandlungsgrundsatz und von dem daraus abgeleiteten Gleichbehandlungsgebot gesprochen, so handelt es sich dabei um Erscheinungsformen des Gleichheitsgrundsatzes.

Im Thema wird bewußt nicht von der Aufgabe der „rechtsprechenden Gewalt" oder genauer: der Rechtsprechung als einer der Staatsfunktionen gesprochen, sondern unschärfer von der Aufgabe des *Richters*. Somit kann die schwierige Frage nach dem Begriff der Rechtsprechung im materiellen Sinne[2]) und namentlich auch die weitere zunächst noch dahingestellt bleiben, ob die Verfassungsgerichtsbarkeit mit ihren sämtlichen

---

[1]) Man sollte die Begriffe „Satz" und „Norm" unterscheiden, ohne freilich zu übersehen, daß es sich dabei um zwei Seiten derselben Sache handelt. Der Begriff Satz liegt auf der rechtslogischen Ebene und bezeichnet den sprachlichen Ausdruck des rechtlichen Gedankens, der Norm. Wird ein rechtlicher Gehalt inhaltsgewiß (subsumierbar) ausgesprochen, so liegt ein Rechtssatz vor; wird er allgemein, inhaltsarm zum Ausdruck gebracht, so handelt es sich um einen Rechtsgrundsatz. Zu der Unterscheidung zwischen Rechtssatz und Rechtsnorm vgl. auch Fritz Schreier, Grundbegriffe und Grundformen des Rechts (Wiener Staatswissenschaftl. Studien NF Bd. IV), Leipzig und Wien 1924, S. 40–43.

[2]) Der Meinung von C. F. Menger, System des verwaltungsgerichtlichen Rechtsschutzes, Tübingen 1954, S. 50, einen materiellen Begriff gebe es zwar von Rechtspflege, nicht aber von Rechtsprechung, kann nicht gefolgt werden, wenngleich die Schwierigkeiten dieser Begriffsbildung nicht verkannt werden. Denn eine Unterscheidung verschiedener Staatsfunktionen hat doch nur dann einen Sinn, wenn ihr

Aufgaben materiell Rechtsprechung sei oder z. T. Gesetzgebung[1]). Die Formulierung „Aufgabe des Richters“ meint also Rechtsprechung im funktionellen Sinn[2]) als Inbegriff der dem Staatsorgan Richter zugewiesenen Aufgaben[3]). Dabei bedarf es keiner besonderen Erwähnung, daß es hier um den unabhängigen Richter geht, der sowohl an der zu entscheidenden Sache persönlich uninteressiert als auch von jedem anderen Staatsorgan unabhängig sein muß. Andererseits ist es hier zunächst ohne Bedeutung, welche — innerstaatliche[4]) — Gerichtsbarkeit ein Richter ausübt, und auf welcher Ebene er das tut. Der gesamte Bereich der Verfassungsgerichtsbarkeit wird also ausdrücklich in die Überlegungen einbezogen, wie sehr sich diese auch von den übrigen Zweigen der Gerichtsbarkeit unterscheiden mag[5]).

Schließlich ist auch das in diesem Zusammenhang mehrdeutige Wort *Aufgabe* mit Absicht gewählt, kann es doch einmal im funktionellen Sinne verstanden werden, wenn gefragt wird, welche Aufgaben in bezug auf den Gleichheitssatz dem Richter heute tatsächlich gestellt sind; zum zweiten modal[6]), wenn es darum geht, wie der Richter diese seine Aufgabe bewältigen und den Gleichheitsgrundsatz „anwenden“ kann; und endlich materiell, wenn sich das Problem stellt, ob und wieweit es sich hier um eine spezifische Aufgabe des Richters handelt, die ihm im Hinblick auf seine eigentliche Funktion (d. i. Rechtsprechung im materiellen Sinne) zukommt. Um diese drei — je nach dem Verständnis des Wortes Aufgabe sich ergebenden — Fragen wird die Untersuchung kreisen, freilich ohne sie ausdrücklich der Disposition zugrunde zu legen.

Einer einheitlichen Terminologie wegen wird in Untertitel und Arbeit die unscharfe, aber durchweg gebrauchte Begriffsbezeichnung *Justitiabilität* verwandt; richtig müßte es immer heißen: *Judikabilität.*

---

ein materielles Kriterium zugrunde liegt. So kann der Begriff Rechtsprechung in Art. 92 GG nur materiell verstanden werden; wollte man ihn funktionell auffassen, so enthielte Art. 92 eine Tautologie.

[1]) Nach Ansicht des Verfassers ist die sog. selbständige abstrakte und konkrete Normenkontrolle von Gesetzen Gesetzgebung im materiellen Sinne. Vgl. dazu Ernst Friesenhahn, Die Staatsgerichtsbarkeit, in: HDStR II, S. 523—545 (526). Anderer Ansicht, jedoch ohne Begründung, C. F. Menger, a. a. O., S. 45, der die Zugehörigkeit der selbständigen Normenkontrolle zur Rechtsprechung einfach postuliert und danach den Begriff der Rechtsprechung bildet.

[2]) So auch Menger, a. a. O., S. 49.

[3]) Nachdem gem. Art. 92 GG die rechtsprechende Gewalt nur durch Gerichte ausgeübt werden darf, ist heute Rechtsprechung im materiellen Sinn immer zugleich auch funktionell Rechtsprechung, nicht aber umgekehrt.

[4]) Die Untersuchung erstreckt sich nicht auf das Gleichheitsproblem im Völkerrecht.

[5]) Vgl. dazu etwa Martin Drath, Die Grenzen der Verfassungsgerichtsbarkeit in VVDStL 9, Berlin 1952, S. 15—116 (109).

[6]) Der Aspekt, unter dem nach der Modalität gefragt wird, richtet sich hier nicht auf das handelnde Subjekt (so bei Hans J. Wolff, Verwaltungsrecht I, München und Berlin 1956, S. 59), sondern auf die Tätigkeit.

2. Die praktische Bedeutung der Untersuchung

Die praktische Bedeutung unserer Fragestellung wird offenbar durch einen flüchtigen Blick — ohne Anspruch auf Vollständigkeit — auf die Gelegenheiten, bei denen der Richter heute — sei es über den Gleichheitssatz (Art. 3 I GG), sei es auf anderem Wege — dem Gleichheitsgrundsatz konfrontiert werden kann.

Es können in die Lage kommen, den Gleichheitsgrundsatz „anwenden" zu müssen:

a) der Verfassungsrichter

1. bei der Prüfung der Verfassungsmäßigkeit eines Rechtssatzes durch die abstrakte Normenkontrolle gem. Art. 93 Abs. 1 Ziff. 2 GG[1]);

2. bei der Prüfung der Verfassungsmäßigkeit eines nachkonstitutionellen[2]), förmlichen Gesetzes[3]) im Wege der konkreten Normenkontrolle gem. Art. 100 Abs. 1 GG[4]);

3. bei der Prüfung der Verletzung des „Grundrechts der Gleichheit" durch eine Maßnahme der öffentlichen Gewalt (Rechtsetzung, Urteil, Verwaltungsakt) auf Grund einer Verfassungsbeschwerde gem. Art. 93 Abs. 2 GG i. V. m. § 90 BVerfGG[5]).

b) der Verwaltungsrichter (allg. Verwaltungsgerichtsbarkeit)

1. bei der Prüfung der Verfassungsmäßigkeit eines im Rang unter dem Gesetz stehenden Rechtssatzes durch die abstrakte Normenkontrolle gem. § 25 VGG[6]);

2. bei der Prüfung der Verfassungsmäßigkeit eines vorkonstitutionellen Gesetzes[7]) und aller „untergesetzlichen" Rechtssätze im Wege der konkreten Normenkontrolle;

3. bei der Prüfung der Frage, ob im Einzelfall eine Sozialbelastung des Eigentums oder Enteignung vorliegt (vgl. Art. 14 GG)[8]);

---

[1]) Vgl. BVerfGE 1, 14—66.

[2]) Vgl. BVerfGE 2, 124—135.

[3]) Vgl. BVerfGE 1, 184—201.

[4]) Vgl. etwa BVerfGE 3, 19—39 (25).

[5]) Vgl. hierzu die sehr umfangreiche Rechtsprechung des Bundesverfassungsgerichtes.

[6]) Näheres bei Xaver Schoen, Die Normenprüfung durch den Verwaltungsgerichtshof, in: Forschungen und Berichte aus dem öffentlichen Recht, Gedächtnisschrift für Walter Jellinek, München 1955, S. 407—418.

[7]) Auch nachkonstitutionelle Gesetze können von Verwaltungsgerichten überprüft werden; ihre Verfassungsmäßigkeit wird dann durch Urteil, die Verfassungswidrigkeit aber nur (vorläufig) in dem Vorlagebeschluß an das BVerfG festgestellt.

[8]) Nach der heute herrschenden, auch vom BGH vertretenen (vgl. BGHZ 6,270) Einzelaktstheorie unterscheidet sich die entschädigungspflichtige Enteignung von der entschädigungslosen Eigentumsbegrenzung dadurch, daß der Gleichheitsgrundsatz dort verletzt und hier beachtet wurde (Näheres bei Ernst Rudolf Huber, Wirtschaftsverwaltungsrecht, Bd. 2, 2. Aufl. 1954, S. 31). Im Rahmen dieser Arbeit

4. bei der Prüfung der Verletzung des Grundsatzes der Gleichbehandlung durch Verwaltungsbehörden, der eine innere Schranke ihres freien Ermessens darstellt und sich im Bereich der hoheitlichen[1]) Verwaltung sowohl auf obrigkeitliche als auch auf die pflegende, Daseinsvorsorge gewährende Tätigkeit der Verwaltungsbehörden erstreckt. Man denke z. B. einerseits an die Bindung der Verwaltung durch eine eigene Vorpraxis bei Erteilung oder Versagung polizeilicher Erlaubnisse[2]), andererseits an die Pflicht zur Gewährung grundsätzlich gleicher Chancen bei der Anstaltsbenutzung[3]) wie auch an das Gebot der Gleichbehandlung bei der Zuteilung von Fürsorgeleistungen[4]) oder der Gewährung von Subventionen[5]). Außerdem sei auf die Bedeutung des Gleichbehandlungsgrundsatzes für das Beamtenrecht hingewiesen[6]).

c) der Finanzrichter

1. bei der Überprüfung eines Rechtssatzes im Wege der konkreten Normenkontrolle wie der Verwaltungsrichter (vgl. oben unter b 2)[7]);

2. bei der Prüfung der Verletzung des Grundsatzes der Gleichbehandlung durch Finanzbehörden[8]) wegen ungleicher Anwendung der Gesetze, Durchführungsverordnungen und der eine Steuervergünstigung gewährenden sog. Verwaltungsanweisungen (Richtlinien)[9]) oder wegen eines den Gleichheitsgrundsatz verletzenden Ermessensmißbrauchs[10]).

---

muß auf eine Kritik des oben angeführten, in mehrfacher Hinsicht bedenklichen Beschlusses des BGH verzichtet werden.

[1]) Die Unterscheidung von hoheitlichem und fiskalischem Verwaltungshandeln ist hier nicht — wie üblich — formal (nach dem öffentlich-rechtlichen oder privatrechtlichen Charakter der Vollzugsakte) sondern teleologisch (nach dem sie bestimmenden Zweck) durchgeführt.

[2]) Vgl. Fritz Fleiner, Institutionen des Deutschen Verwaltungsrechts, 8. Aufl., Tübingen 1928, S. 140; OVG Hamburg v. 13. 2. 1950 in DVBl. 1950, S. 539; OVG Münster v. 27. 9. 1950 — I A 555/50.

[3]) Vgl. dazu Ernst Forsthoff, Lehrbuch des Verwaltungsrechts, 1. Bd., 5. Aufl., München und Berlin 1955, S. 323; LVG Minden v. 30. 7. 1951 in JZ 1952, S. 490f. (Aufnahme in eine höhere Schule).

[4]) Vgl. Hildegard Krüger, Der Gleichbehandlungsgrundsatz als Rechtsgrundlage öffentlich-rechtlicher Gruppenrechte, in DVBl. 1955, S. 178—180 u. 208—213 (211).

[5]) Vgl. Arnold Köttgen, Subventionen als Mittel der Verwaltung, in DVBl. 1953, S. 485—491 (487), Wolfgang Siebert, Privatrecht im Bereich der öffentlichen Verwaltung, in Festschrift für Niedermeyer, Göttingen 1953, S. 215—247 (240).

[6]) Vgl. A. Köttgen, Ämterpatronage, in DöV 1953, S. 321—326 (326); Württ.-Bad. VerwGH v. 31. 3. 1950 in DVBl. 1951 S. 121.

[7]) Vgl. hierzu Heinz Paulick, Der Grundsatz der Gleichmäßigkeit der Besteuerung, in Probleme des Finanz- und Steuerrechts, Festschrift für Ottmar Bühler, Köln 1954, S. 123—184; BFHE 58, 109 u. 59, 77.

[8]) Vgl. §§ 3, 14 Abs. 2 und 22 i. V. m. 14 Abs. 2 FVG.

[9]) Wegen dieser vgl. das Urteil des VG Stuttgart v. 24. 6. 1949 in DRZ 1950, S. 571.

[10]) Vgl. dazu Albert Hensel, Die Abänderung des Steuertatbestandes durch freies Ermessen und der Grundsatz der Gleichheit vor dem Gesetz, in Vierteljahresschrift für Steuer- und Finanzrecht, Jg. 1 (1927), S. 39—131 (117).

d) der Sozialrichter[1])

1. im Wege der konkreten Normenkontrolle wie der Verwaltungsrichter (vgl. oben unter b 2) etwa bei der gesetzlichen Einführung von Leistungsverbesserungen oder -kürzungen im Sozialversicherungsrecht[2]);

2. bei der Überprüfung des Ermessensgebrauchs eines Versicherungsträgers oder Versorgungsamtes unter dem Gesichtspunkt des Gleichbehandlungsgebotes[3]).

e) der Strafrichter

— freilich in notwendig engen Grenzen — bei der Prüfung der Rechtmäßigkeit einer Strafzumessung[4]) oder Gesamtstrafenbildung[5]) unter dem Gesichtspunkt des Gleichheitsgrundsatzes durch ein Gericht höherer Instanz.

f) der Arbeitsrichter[6])

1. bei der Überprüfung eines Rechtssatzes im Wege der konkreten Normenkontrolle wie der Verwaltungsrichter (vgl. oben unter b 2);

2. bei der Prüfung der Verfassungsmäßigkeit eines Tarifvertrages[7]);

3. bei der Prüfung der Verletzung des Grundsatzes der Gleichbehandlung der Arbeitnehmer durch einen Arbeitgeber[8]). Dieses Gebot bezieht

---

[1]) Gemeint ist nicht der gem. § 3 Abs. 2 des Sozialgerichtsgesetzes v. 3. 9. 1953 (BGBl. I, S. 1239) als ehrenamtlicher Beisitzer in den Sozialgerichten fungierende Laienrichter, sondern der Richter in Sozialsachen schlechthin.

[2]) Vgl. dazu Walter Bogs, Die Gleichheit vor dem Gesetz und das Sozialversicherungsrecht, in Die Ortskrankenkasse 1953, S. 423—428; LSG Celle v. 24. 6. 1954 in Die Sozialgerichtsbarkeit 1955, S. 41—43 (43).

[3]) In der Praxis sind diese Fälle freilich höchst selten, weil die sehr weitgehende Normierung in diesem Rechtsgebiet einen Ermessensspielraum kaum einräumt. Beispiele bei Bogs, a. a. O. Gleiches gilt für das Recht der Kriegsopferversorgung.

[4]) So das OLG Bremen v. 22. 9. 1949 in DRZ 1950, S. 284.

[5]) Vgl. dazu die Bemerkung von Beyer, Zur Gesamtstrafenbildung nach § 79 StGB, in DRZ 1949, S. 176.

[6]) Vgl. entsprechend die Note 1 (§ 6 Abs. 2 des Arbeitsgerichtsgesetzes v. 3. 9. 1953, BGBl. I, S. 1267).

[7]) Vgl. das Urteil des BAG v. 6. 4. 1955 in AP Nr. 7 zu Art. 3 GG.

[8]) So einmütig auch die Existenz eines den Arbeitgeber verpflichtenden Gleichbehandlungsgebotes von Literatur und Rechtsprechung anerkannt wird, so unterschiedlich wird dieses doch begründet: sei es aus der dem Arbeitsverhältnis entspringenden Fürsorgepflicht (so Alfred Hueck in RdA 1950, S. 472 und RdA 1954, S. 397) oder aus vorheriger „Normsetzung" des Arbeitgebers (so Eduard Bötticher, Der Anspruch auf Gleichbehandlung im Arbeitsrecht, in RdA 1953, S. 161—169 (162—165), sei es aus einem überpositiven Gleichheitsgebot (so Erich Frey, Der Grundsatz der Gleichbehandlung im Arbeitsrecht, München und Düsseldorf 1954, S. 15) oder aus der Bestimmung des Art. 3 GG (so Rolf Dietz, Betriebsverfassungsgesetz, Kommentar, 2. Aufl., München und Berlin 1955, Anm. II 3a zu § 51) oder aus dem Grundrecht der Gleichheit, das eine Drittwirkung in dem Bereich des Arbeitsrecht entfalte (so Hans Carl Nipperdey, Gleicher Lohn für gleiche Leistung, Gutachten, Kurzfassung in BB 1951, S. 282—284 [284 unter IV]). In diesem Rahmen mag der Aufweis der Geltung des Gleichbehandlungsgrundsatzes und die Tatsache genügen, daß der Arbeitsrichter heute danach Recht zu sprechen hat.

sich vor allem auf das Gebiet der freiwilligen Sozialleistungen des Arbeitgebers, wie Gratifikationen, Ruhegelder, Teuerungszulagen[1]) u. dgl. wie auch auf die gleichmäßige Ausübung des Direktionsrechtes. Es mehren sich aber schon die Stimmen, die — freilich noch gegen die h. M. in Rechtsprechung[2]) und Lehre[3]) — auch die Ausübung der Gestaltungsrechte dem Gleichbehandlungsgebot unterstellen, so eine einzelne Kündigung bei und die Wiedereinstellungen nach einem Streik[4])[5]).

) der Zivilrichter

1. bei der Überprüfung eines Gesetzes im Wege der konkreten Normenkontrolle (vgl. oben b 2)[6]);

2. bei der Rechtsprechung im Familienrecht[7]) und vor allem im Verbandsrecht[8]), in dem der Gleichheitsgrundsatz ein breites Geltungsgebiet gefunden hat[9]), sei es für die Vereine[10]) und Gesellschaften des

---

[1]) Vgl. dazu die überaus zahlreiche Rechtsprechung der letzten Jahre.

[2]) Vgl. den Beschluß des Großen Senats des BAG v. 29. 1. 1955 in JZ 1955, S. 387—394 (393).

[3]) Vgl. Arthur Nikisch, Arbeitsrecht, Bd. 1, 2. Aufl., Tübingen 1955, S. 431 bis 436.

[4]) Vgl. Erich Frey, a. a. O., S. 32—38 mit den dortigen Verweisungen; LAG Hannover v. 18. 12. 1951 in BB 1952, S. 173 und das LAG Frankfurt v. 29. 1. 1952 in Arbeitsrechtsblattei, D.

[5]) Darüber hinaus die generelle Forderung auf gleichen Lohn bei gleicher Leistung — gemeint ist nicht eine Lohngleichheit von Mann und Frau — aus dem Gleichheitssatz abzuleiten, dürfte zu unhaltbaren, weil nivellierenden Konsequenzen führen. Immerhin finden sich diesbezüglich vereinzelt schon sehr bemerkenswerte Formulierungen, so bei Bötticher, a. a. O., S. 162 links oben und S. 164 rechts unten und bei Erich Frey, a. a. O., S. 27—32. Vgl. auch die Begründung eines Urteils des LAG Hamm v. 16. 1. 1952 in Arbeitsrechtsblattei, D, unter „Gleichbehandlung".

[6]) Die Frage der Weitergeltung von Rechtssätzen aus dem Eherecht und ehelichen Güterrecht gehört mittelbar hierhin, insofern Art. 3 Abs. 2 GG als Anwendungsfall des „allgemeinen" Gleichheitssatzes bezeichnet wird und seine Auslegung sich im Rahmen des Art. 3 Abs. 1 GG halten muß (vgl. dazu das Gutachten des BGH v. 6. 9. 1953 in BGHZ 11 Anhang S. 34—91 [58]); man denke auch an die Frage der Verfassungsmäßigkeit von § 8 Abs. 4 GenG, die wegen der rechtzeitigen Aufhebung durch den Gesetzgeber (Gesetz v. 21. 7. 1954, BGBl. I, S. 212) nicht gerichtlich entschieden wurde.

[7]) Vgl. entsprechend die Note 6.

[8]) Was S. 5, Note 8 am Ende für das Arbeitsrecht gesagt wurde, gilt ebenso für das Verbandsrecht. Es kommt in dieser Übersicht nur darauf an, „Anwendungsfälle" des Gleichheitsgrundsatzes aufzuzählen, ohne hier schon der Frage nachzugehen, inwieweit die Geltung des Gleichheitsgrundsatzes auf den Gleichheitssatz (Art. 3 Abs. 1 GG) gestützt werden kann oder muß.

[9]) Zum Ganzen vgl. Ludwig Raiser, Der Gleichheitsgrundsatz im Privatrecht, in ZfHR Bd. 111 (1948), S. 75—101 (81—84, 90), der den Gleichheitsgrundsatz für einen überpositiven, unmittelbar aus der Gerechtigkeitsidee zu entwickelnden Rechtssatz hält, ohne freilich eine Beziehung zum „Grundrechtsartikel" zu leugnen.

[10]) Vgl. Andreas v. Tuhr, Der Allgemeine Teil des BGB, Bd. 1, Leipzig 1910, S. 513f.

bürgerlichen Rechts[1]), sei es für die offene Handelsgesellschaft[2]), Gesellschaft mit beschränkter Haftung[3]), Aktiengesellschaft[4]) und Genossenschaft[5]) oder für einen Versicherungsverein auf Gegenseitigkeit[6]).

Der kurze Überblick unter 2. hat gezeigt, daß ein Richter heute innerhalb jedes Zweiges der Gerichtsbarkeit mit dem Gleichheitsgrundsatz in Berührung kommen kann, an dem er jeweils entweder einen abstrakten Rechtssatz oder einen konkreten Sachverhalt zu messen hat.

In ersterem Fall tritt der Richter nun stets zum Gleichheitsgrundsatz nur über Art. 3 Abs. 1 GG (den Gleichheitssatz) in Beziehung, der den Prüfungsmaßstab für die Normenkontrolle enthält. Anders dagegen, wenn ein konkreter Fall an Hand des Gleichheitsgrundsatzes zu entscheiden ist: hier bedarf es noch der wissenschaftlichen Klärung, inwieweit ein Anwendungsfall des Gleichheitsgrundsatzes[7]) seine Rechtsgrundlage im Gleichheitssatz findet.

Immer sind aber hier Situationen gemeint, in denen der Richter als ‚Neutraler' darüber zu befinden hat, in welcher Weise ein anderer vom Gleichheitssatz betroffen wird. Die Untersuchung gilt also nicht der Aufgabe, die der Gleichheitssatz dem Richter unmittelbar für seine Tätigkeit (z. B. seine richterlichen Verfügungen) stellt, und der bereits Eduard Bötticher[8]) nachgegangen ist.

3. Der Gang der Untersuchung

Die Arbeit gliedert sich in drei Abschnitte. Im ersten Abschnitt soll die Geltung des Gleichheitssatzes untersucht werden; im zweiten Abschnitt wird eine Inhaltsbestimmung des Gleichheitssatzes versucht werden; im dritten Abschnitt wird dann nach der Anwendbarkeit des Gleichheitssatzes durch den Richter zu fragen sein.

---

[1]) Vgl. RGZ 151, 321 (326).

[2]) Vgl. Hans Schumann, Handelsrecht, Bd. 1, Wiesbaden o. J. (1954), S. 229f.

[3]) RGZ 68, 211 (213).

[4]) RGZ 113, 152 (156).

[5]) RGZ 124, 182 (190).

[6]) Vgl. Wilhelm Kisch, Das Prinzip der Gleichbehandlung der Mitglieder beim Versicherungsverein auf Gegenseitigkeit, in: Arch. f. Rechts- u. Wirtsch.Philosophie, Bd. 20, S. 214—224.

[7]) Man denke z. B. an das Postulat der Gleichbehandlung in der pflegenden Verwaltung und an die angeführten Beispiele aus dem Arbeits- und allgemeinen Zivilrecht.

[8]) Eduard Bötticher, Die Gleichheit vor dem Richter. Rektoratsrede, Hamburg 1954.

Erster Abschnitt

Die Geltung des Gleichheitssatzes

Die erste Frage, die der Richter bezüglich des Gleichheitssatzes stellt, ist die nach seiner Geltung. Ihrer Beantwortung kommt gegenüber der — davon getrennten[1]) — Erörterung des Inhaltes des Gleichheitssatzes das logische prius zu[2]).

Die räumliche und zeitliche Geltung von Art. 3 I GG ist unproblematisch; sie ist dieselbe wie bei den übrigen Verfassungsrechtssätzen. Anders aber die funktionelle Geltung des Gleichheitssatzes, und zwar sowohl extensiv hinsichtlich des Umfanges seines Adressatenkreises (seines Geltungsbereiches) als auch intensiv hinsichtlich der Art und Stärke seiner verschiedenen Rechtswirkungen (seiner Geltungskraft). Es geht also erstens (§ 1) darum, welche Rechtssubjekte der Gleichheitssatz verpflichtet oder auch „bindet“ und welche der berechtigt; zweitens (§ 2) darum, welche Rechtswirkungen der Gleichheitssatz — gemäß seinen verschiedenen Funktionen innerhalb der Rechtsordnung — entfaltet.

§ 1: Der Geltungsbereich des Gleichheitssatzes: seine Adressaten — deren Rechte und Pflichten

I. Die Verpflichtungssubjekte[3]) und deren Bindung

Wer Verpflichtungssubjekt eines Rechtssatzes ist und in welcher Weise er gebunden wird, läßt sich entweder dem Wortlaut des betreffenden Satzes selbst, aus seiner Stellung innerhalb der Rechtsordnung oder einem anderen Rechtssatz entnehmen, mit anderen Worten, die Bindung an den Gleichheitssatz kann durch Art. 3 selbst oder durch eine andere Rechtsnorm bewirkt werden. Dem soll getrennt für die Träger öffentlicher Gewalt (1) und die privaten Rechtssubjekte (2) nachgegangen werden.

---

[1]) Auch Max Rümelin, Die Gleichheit vor dem Gesetz, Tübingen 1928, S. 30, trennt beide Fragen voneinander.

[2]) Anderer Ansicht Ipsen, der a. a. O., S. 150 ausführt, eine Aussage über die „Bindung“ des Gesetzgebers an das Gleichheitsgebot sei rechtlich nur insoweit von Belang, als sie (!) den Inhalt der Gleichheit in justitiabler Weise zu umschreiben vermöge, und dadurch übersieht, daß beide Aussagen auf ganz verschiedenen Ebenen liegen. Zwar folgt die Tragweite, die Art der Bindung aus der Inhaltsbestimmung, niemals aber die Bindung selbst.

[3]) Entsprechend der sachlichen Priorität der Verpflichtungen vor den jene bedingenden Berechtigungen sollen erst (I.) die Verpflichtungs-, dann (II.) die Berechtigungssubjekte behandelt werden.

1. Die Bindung der Träger „öffentlicher Gewalt" an Art. 3 I GG

Rechtsgrund der Bindung der öffentlichen Gewalt an den Gleichheitssatz ist Art. 1 III GG: „Die nachfolgenden Grundrechte binden Gesetzgebung, vollziehende Gewalt und Rechtsprechung als unmittelbar geltendes Recht."

Die Bindung stützt sich also auf die Grundrechtseigenschaft des Gleichheitssatzes. In dem viel beachteten Kommentar von v. Mangoldt-Klein[1]) wird zwischen den eigentlichen (subjektiven) Grundrechten als Gewährleistungen subjektiv-öffentlicher Rechte und den (objektiven) Grundrechtsbestimmungen als den im Grundrechtsteil des GG enthaltenen Verfassungsrechtssätzen unterschieden[2]). In welchem Sinn das Wort „Grundrechte" in Art. 1 III gebraucht wird, mag hier dahingestellt bleiben, da Art. 3 I nach unbestrittener Ansicht auch Grundrechtsqualität im engeren Sinne[3]) zukommt.

a) Umfang der Bindung

In Art. 1 III werden Gesetzgebung, Exekutive und Rechtsprechung als Verpflichtungssubjekte der Grundrechte angesprochen. Selbstverständlich können Staatsfunktionen als solche nicht Normadressaten sein, da ihnen keine Rechtssubjektivität zukommt. — Nach dem Wortlaut des Art. 1 III bleibt die hier nicht weiter zu verfolgende — wenngleich theoritisch hochinteressante — Frage offen, ob „der Staat in den genannten Funktionsbereichen"[4]) gebunden wird oder nur die Organe[5]), denen diese Funktionen als Kompetenz zugewiesen sind[6]). Jedenfalls erstreckt sich die Bindung auch auf andere juristische Personen des öffentlichen Rechts und Beliehene, soweit ihnen die Kompetenz zugewiesen bzw. delegiert ist, öffentliche Gewalt auszuüben.

Die in der Literatur mitunter verwandte Unterscheidung von Rechtsanwendungs- und Rechtsetzungsgleichheit[7]) darf nicht in dem Sinne

[1]) Hermann v. Mangoldt, Das Bonner Grundgesetz. Kommentar, 2. erw. Aufl., bearb. von Friedrich Klein, Lfg. 1, Berlin u. Frankfurt a. M. 1955 (zit.: v. Mangoldt-Klein), Die Grundrechte, Vorbem. A VI.

[2]) Beide Begriffe sollen fortan in letzterem Sinne verwandt werden.

[3]) Damit ist freilich noch nichts über den Inhalt dieses subjektiven Rechtes ausgesagt.

[4]) So die bisher h. M.; vgl. dazu Richard Thoma, Das System der subjektiv öffentlichen Rechte und Pflichten, in: HDStR II, S. 607—623 (611) wie auch Wernicke in Bonner Kommentar, Hamburg 1950 ff., Erl. II 4b zu Art. 1.

[5]) Denn auch die Organe sind, ohne freilich Personen zu sein, potentielle Zurechnungssubjekte (vgl. Hans J. Wolff, Theorie der Vertretung, Berlin 1934, S. 247f.). Es fragt sich, ob sie dies nur im Verhältnis untereinander sind, oder ob den Organen nicht hinsichtlich gewisser Rechtspflichten auch Zurechnungsendsubjektivität gegenüber Dritten eignet.

[6]) So mit Recht bei v. Mangoldt-Klein, a. a. O., Anm. III 2 zu Art. 3.

[7]) Vgl. Ipsen, a. a. O., S. 147; v. Mangoldt-Klein, a. a. O. Anm. III 3 u. 4 zu Art. 3; Richard Thoma, Ungleichheit und Gleichheit im Bonner Grundgesetz, in: DVBl. 1951, S. 457—459 (457).

mißverstanden werden, als gebe es zwei Arten von Gleichheit; gemeint ist damit, daß das eine Gleichheitsgebot verschiedene Organe binde, nämlich die sogenannten rechtsanwendenden[1]) (Rechtsprechung und Verwaltung) und die rechtsetzenden (Gesetzgebung).

*

Über die Tatsache der Bindung der *Rechtsprechung* an und durch den Gleichheitssatz besteht volle Einmütigkeit. Was die Bindung im einzelnen bedeutet, ist nicht Gegenstand dieser Untersuchung (vgl. S. 7).

*

Nicht so einfach verhält es sich mit der Bindung der *vollziehenden Gewalt* (Verwaltung mit Einbezug der Regierung)[2]).

Übereinstimmend wird in Literatur und Rechtsprechung eine Grundrechtsbindung der obrigkeitlichen Verwaltung angenommen. Das gleiche gilt für die pflegende Verwaltung, soweit sie sich in öffentlich-rechtlichen Formen vollzieht; aber auch die Bereiche pflegender Verwaltung, die sich der Form des Privatrechts bedienen, werden mit Recht heute zunehmend der Bindung an die Grundrechte unterstellt[3]). Das rechtfertigt sich aus dem unmittelbar öffentlichen Zweck solchen Verwaltungshandelns, durch den es m. E. auch seinen hoheitlichen Charakter erhält[4]).

Problematischer und bisher weniger beachtet ist die Frage, ob und inwieweit sogar die fiskalische Tätigkeit der (öffentlichen!) Verwaltung an den Gleichheitssatz gebunden ist; denn nach dem Wortlaut des Art. 1 III erstreckt sich die Bindung auf die Vollziehung schlechthin. Das wird regelmäßig verneint mit einem von außen kommenden Argument, nämlich mit dem Hinweis, für eine solche Bindung fehle eine gerichtliche Kontrollmöglichkeit; Art. 19 IV des Grundgesetzes beziehe sich ja ausdrücklich auf eine Beeinträchtigung durch die öffentliche Gewalt[5]).

Diese Begründung dürfte nicht genügen; denn — wie Forsthoff neuerdings überzeugend dargelegt hat[6]) — kann die eine Bindung konstatierende Funktionsnorm dem Umfang nach durchaus weiter reichen

[1]) Der Oberbegriff „Rechtsanwendung" für die rechtsprechende und verwaltende Tätigkeit ist zudem unrichtig, weil sich letztere durchaus nicht auf die Anwendung von Rechtsvorschriften beschränkt, sondern „im Rahmen der Rechtsordnung" auch schöpferisch gestaltend sein kann; vgl. Forsthoff, Lehrbuch I, S. 11

[2]) In Art. 1 III GG ist der frühere Ausdruck „Verwaltung" jetzt durch „vollziehende Gewalt" ersetzt (Art. I Ziff. 1 des Gesetzes zur Ergänzung des GG v. 19. 3. 1956, BGBl. I, S. 111).

[3]) Vgl. S. 4, Note 5.

[4]) Vgl. S. 4, Note 1.

[5]) Vgl. Günter Dürig, Das Eigentum als Menschenrecht, in ZgesStaatswiss. Bd. 109 (1953), S. 326—350 (341) und v. Mangoldt-Klein, a. a. O., Anm. V 3b zu Art. 1.

[6]) Ernst Forsthoff, Über Maßnahme-Gesetze, in: Forschungen und Berichte aus dem öffentlichen Recht, Gedächtnisschrift für Walter Jellinek, München 1955, S. 221—236 (232f.). Was hier für die Gesetzgebung gesagt wird, gilt in gleicher Weise auch für die Verwaltung.

als die ihr korrespondierende Kontrollnorm[1]). Der Einwand, eine „bloße" Bindung ohne entsprechende Klagemöglichkeit sei juristisch bedeutungslos, übersieht, daß auch ein „bloßer" Rechtsreflex eine Dienstaufsichtsbeschwerde in der Regel hinreichend stützt.

Soweit der Staat als Fiskus[2]) erwerbswirtschaftlich tätig wird, verbietet sich eine direkte Grundrechtsbindung aber aus einem inneren Grund: Sie wäre der notwendigen Beweglichkeit der unternehmerischen Initiative und damit einer rentablen Teilnahme des Fiskus am Wirtschaftsprozeß abträglich[3]).

Der zweiten Art fiskalischer Tätigkeit, der Bedarfsverwaltung, steht ein solcher Ausschlußgrund aber nicht zur Seite. Im Gegenteil, eine — freilich interne — Bindung der Verwaltung an den Gleichheitssatz bei der Vergebung öffentlicher Aufträge zur Bedarfsdeckung besteht m. E. und ist höchst sinnvoll[4]), weil der Staat für seinen Teil den gleichmäßig mit Lasten belegten Bürgern — natürlich unbeschadet des Rentabilitätsgrundsatzes — auch gleiche Erwerbsmöglichkeiten bieten soll.

*

Seit der Weimarer Zeit bis auf den heutigen Tag ist streitig, ob auch die *Gesetzgebung* an den Gleichheitssatz gebunden sei. Der Begriff Gesetzgebung schließt in diesem Zusammenhang die Verfassungsgesetzgebung ein[5]); er umfaßt auch nicht nur die Schaffung formeller Gesetze und deckt sich daher mit dem Begriff Rechtsetzung. In Frage steht neben der Bindung der Gesetzgebungskörperschaften einerseits diejenige der durch Delegation zum Erlaß von Rechtsverordnungen befugten staatlichen Organe[6]), andererseits die Bindung der mit Autonomie ausgestatteten öffentlich-rechtlichen Verbände, insofern sie alle Gesetze im materiellen Sinne erlassen können. Das folgt aus dem Sinn der Vorschrift, durch die Grundrechtsbindung der öffentlichen Gewalt bestimmte Grenzen zu setzen.

Lebhaft umstritten ist z. Z. die Frage, ob der die Gesetzgebung an die Grundrechte bindende Art. 1 III auch die Tarifvertragsparteien betreffe.

---

[1]) Vgl. Forsthoff, ebd. S. 232 „Die Bindung des Handelnden geht weiter als die Funktion des Kontrollierenden, weil sie in einem gewissen Umfang der Kontrolle notwendig entzogen ist".

[2]) Die mehr rechtstechnische Unterscheidung zwischen Staat und Fiskus darf nicht dazu verleiten, deren tatsächliche (und auch rechtliche) Einheit zu übersehen; vgl. Dürig, a. a. O., S. 341. Daher ist die Grundrechtsbindung des Fiskus hier und nicht bei den privaten Rechtssubjekten zu untersuchen.

[3]) So darf z. B. das Volkswagenwerk bei seinen Einkäufen nicht durch Gleichheitserwägungen gehemmt sein.

[4]) Man denke z. B. an die großen Aufträge der öffentlichen Hand auf dem Bausektor durch die Staatsbauämter und an die Ausschreibungspflicht von größeren Aufträgen. Vgl. auch Otto Bachof, Begriff und Wesen des sozialen Rechtsstaates, in VVDStL 12, Berlin 1954, S. 37—85 (62).

[5]) So mit Recht unter Berufung auf Art. 79 III GG v. Mangoldt-Klein, a. a. O., Anm. V 3b zu Art. 1.

[6]) Vgl. Art. 80 GG.

Das Bundesarbeitsgericht hat dies kürzlich in drei Urteilen bejaht[1]). Wird man den Entscheidungen im Ergebnis folgen können: ihre knappen, z. T. immanent widersprüchlichen Begründungen vermögen nicht zu überzeugen[2]).

Die Tarifvertragsparteien werden durch Art. 1 III nicht gebunden, da die Tarifverträge als sogenannte rechtsetzende Vereinbarungen weder unter den Begriff der Autonomie fallen[3]) noch kraft staatlicher Delegation gesetzt werden[4]). Trotz seiner durch das Tarifvertragsgesetz anerkannten normativen Wirkung bleibt der Tarifvertrag ein Institut des Privatrechts, der „ohne hoheitliche Zwangsgewalt gegenüber den durch ihn betroffenen Personenkreis geschlossen" wird[5]) und daher einer Grundrechtsbindung nur über eine Norm des Privatrechts unterliegen kann[6]).

In dem somit abgesteckten Rahmen ergibt sich für das Bonner Grundgesetz m. E. eindeutig aus Art 1 III die Grundrechtsbindung des „Gesetzgebers"[7]). Eine Bindung des Gesetzgebers an den Gleichheitssatz wird jedoch von einigen Autoren abgelehnt oder eingeschränkt; und zwar mit der Begründung, die Struktur des Art. 3 I rechtfertige oder fordere eine Ausnahme von der allgemeinen Regel des Art. 1 III GG.

Eine dem klaren Wortlaut der Generalvorschrift entgegenstehende Ausnahme bedarf — auch bei der Verfassungsinterpretation — einer

---

[1]) 1. Urteil v. 15. 1. 1955 in AP Nr. 4 zu Art. 3 GG; 2. Urteil v. 2. 3. 1955 in AP Nr. 6 zu Art. 3 GG; 3. Urteil v. 6. 4. 1955 in AP Nr. 7 zu Art. 3 GG.

[2]) Entweder faßt man wie das Bundesarbeitsgericht die Normen eines Tarifvertrages als staatlich delegiertes oder autonomes (öffentliches) Recht auf und unterstellt sie der Grundrechtsbindung des Art. 1 III — oder man behandelt sie als Bestimmungen eines privaten Vertrages, die bei Verstoß gegen ein gesetzliches Verbot nach § 134 BGB (direkt oder analog angewendet) die ganze oder teilweise Nichtigkeit des Tarifvertrages zur Folge haben (§ 139 BGB). Das Bundesarbeitsgericht tut aber beides: vgl. AP Nr. 4 (6), Nr. 6 (2) und Nr. 7 (2, 6).

[3]) Sie kommen zustande durch Willensübereinstimmung zweier privater Rechtssubjekte und gelten nicht nur für die Parteien; vgl. Hans Peters, Die Satzungsgewalt innerstaatlicher Verbände, in HDStR II S. 264—274 (269).

[4]) Denn sie entstehen unabhängig von jeder staatlichen Einwirkung und sind somit nicht Ausfluß hoheitlicher Gewalt. Vgl Friedrich Klein, Die Übertragung rechtsetzender Gewalt nach deutschem Verfassungsrecht, in: Die Übertragung rechtsetzender Gewalt im Rechtsstaat, Frankfurt 1952, S. 79—117 (112).

[5]) Walter Schätzel, Welchen Einfluß hat Art. 3 II GG auf die nach dem 24. 5. 1949 geschlossenen Einzelarbeits- und Tarifverträge? in: RdA 3. Jg. (1950), S. 248—254, (252).

[6]) Anders, wenn ein Tarifvertrag für allgemein verbindlich erklärt wird. Die theoretisch nicht unwichtige Frage, ob diese Erklärung ein Akt der Rechtsetzung (Rechtsverordnung) oder — m. E. richtiger — der Verwaltung (Verfügung) sei, kann in diesem Zusammenhang dahingestellt bleiben: jedenfalls wirkt hier die öffentliche Gewalt maßgeblich mit, indem sie hoheitlich auch Nichtparteien dem Tarifvertrag unterstellt; und diese ist ja durch Art. 1 III gebunden. Der Bundesminister für Arbeit darf demnach unbeschadet der sonstigen Erfordernisse nur solche Tarifverträge für allgemeinverbindlich erklären, die mit dem Gleichheitssatz übereinstimmen. Vgl. auch Walter Jellinek, Die Entlohnung der Frau und Art. 3 II des Grundgesetzes, in BB 5. Jg. (1950), S. 425—427 (426).

[7]) Gesetzgeber wird fortan in dem dargelegten weiteren Sinne gebraucht.

tragenden Begründung, die sich wiederum auf eine wörtliche Formulierung oder auf übergeordnete verfassungsrechtliche Erwägungen stützen muß. Denn wenn man auch bei den Grundrechtsbestimmungen eine einwandfreie juristische Technik nicht erwarten kann[1]), so muß man sich gerade deswegen davor hüten, den Wortlaut der Verfassung nicht mehr ernst zu nehmen und deren Begriffe aufzuweichen.

Teilweise wird nun die Bindung des Gesetzgebers an Art. 3 I einfach *negiert*, teilweise nur *eingeschränkt*. *Ersteres* geschieht auch heute noch mit dem Hinweis auf den Wortlaut des Gleichheitssatzes, indem die alte These von Anschütz[2]) aufgegriffen wird[3]), Gleichheit vor dem Gesetz besage nicht Gleichheit des Gesetzes.

Wie seinerzeit bei Art. 109 I WRV läßt der insoweit gleiche Wortlaut des Art. 3 I GG sowohl die bestrittene als auch die behauptete Auslegung zu. Denn das Wort „vor“ kann quasi räumlich und quasi zeitlich verstanden werden: räumlich, wenn man das Rechtssubjekt dem Gesetz (gleichsam im Gerichtssaal) konfrontiert; zeitlich, wenn die Gleichheit aller Menschen im vorgesetzlichen Raum (als für den Gesetzgeber zu respektierende Gegebenheit) gemeint ist.

Die von Paulick[4]) zur Unterstützung seiner Auffassung zitierte Äußerung Mainzers[5]), die Annahme einer Bindung des Gesetzgebers an den ersten Absatz des Gleichheitsartikels mache die Abs. II und III überflüssig, ist nicht schlüssig, da ein vorangestelltes allgemeines Prinzip durchaus der Konkretisierung durch Einzelbestimmungen fähig ist, ohne seinen Sinn zu verlieren.

Andere Bedenken gegen die Bindung des Gesetzgebers äußert Thoma[6]), der vor einigen Jahren noch einmal seine Ansicht aus der Weimarer Zeit bekräftigte, durch den Gleichheitssatz werde nur die Normenvollziehung gebunden[7]). Thoma beruft sich — zu Unrecht[8]) — auf die Entstehungsgeschichte des Art. 3 I und sieht ähnlich wie Paulick seine Meinung durch den Aufbau des Art. 3 bestätigt[9]); auch diese Begründung ist aber nicht einsichtig.

---

[1]) Vgl. Max Rümelin, a. a. O., S. 23: es sei „kein Widerspruch, wenn ein an die Spitze gestelltes allgemeines Prinzip im einzelnen in verschiedener Weise verwirklicht“ werde.

[2]) Gerhard Anschütz, Die Verfassung des Deutschen Reiches, 14. Aufl., Berlin 1933, Erl. 1 zu Art. 109.

[3]) Vgl. Heinz Paulick, a. a. O., S. 103.

[4]) Ebd., S. 171.

[5]) Otto Mainzer, Gleichheit vor dem Gesetz — Gerechtigkeit und Recht, Berlin 1929, S. 66.

[6]) Richard Thoma, Ungleichheit, S. 457—459.

[7]) Richard Thoma, Grundbegriffe und Grundsätze, in HDStR II, S. 108—159 (151—153).

[8]) Die einzelnen Stadien der Entwicklung sind dargestellt bei v. Dömming-Füßlein-Matz, Entstehungsgeschichte der Artikel des Grundgesetzes, in JöR NF Bd. 1 (1951), S. 66—72.

[9]) Thoma, Ungleichheit, S. 458. Allein daraus, „daß der II. u. III. Absatz von

Eingeschränkt wird die Bindung des Gesetzgebers einmal durch Ipsen mit der Behauptung, Art. 1 III vermittele eine Bindungskraft der Grundrechte nur im Maße und im Rahmen der „ihnen in concreto beigelegten justitiablen Meßbarkeit"[1]). Ipsen verbindet hier unrichtig zwei Gesichtspunkte, die begrifflich auseinanderzuhalten sind, nämlich die Frage der Bindung und die Frage der Prüfung, ob der Bindung genügt wurde; „denn das Erfordernis der Justitiabilität ist auf die rechtsprechende Tätigkeit beschränkt, während der Befehlsteil des Gleichheitssatzes sich (auch)[2]) an den Gesetzgeber wendet"[3]).

Es wurde oben[4]) schon einmal darauf hingewiesen, daß die Funktionsnorm durchaus weiterreichen kann als die ihr korrespondierende Kontrollnorm[5]). Dadurch hört erstere nicht auf, Rechtsnorm zu sein, denn die Erzwingbarkeit gehört nicht zum Wesen des Rechts[6]), weil das Gesetz wesentlich ratio und nicht voluntas ist[7]). Die Staatsverfassungen enthalten manche in voller Wirkung stehende und gleichwohl durch keinerlei äußeren Zwang geschützte Rechtsnormen. Der Zwangsschutz wird der regelmäßige Begleiter der Rechtsgebote sein, ist aber kein Erfordernis ihres Begriffes. Wesentlich ist der Rechtsnorm nur, daß sie schlechthin verpflichten will[8]).

Der Grad der — sich nach dem Inhalt von Art. 3 I bestimmenden — Justitiabilität ist mithin ohne Einfluß auf die durch Art. 1 III statuierte Bindung des Gesetzgebers an den Gleichheitssatz.

Nicht wegen fehlender Justitiabilität (weil also dem Richter keine Prüfungsmaßstäbe zur Verfügung stünden), sondern wegen mangelnder „Positivität" des Gleichheitssatzes (weil und soweit sich aus Art. 3 I kein hinreichend bestimmter Befehl für den Gesetzgeber ergebe) wird die

---

Art. 3 die dem Gesetzgeber verbotenen Diskriminierungen einzeln aufzählten, folge eindeutig, daß sich der I. Abs. nicht an den Gesetzgeber richte."

[1]) Ipsen, a. a. O., S. 157. Vgl. dazu auch ebd. S. 150, 156 und vor allem S. 162, vorletzte Zeile, wo Bindung des Gesetzgebers und richterliche Kontrolle in notwendigen Zusammenhang gebracht werden.

[2]) Vom Verf. eingefügt.

[3]) So Harry Westermann, Verstößt § 8 IV 1 des Genossenschaftsgesetzes gegen das Gleichbehandlungsgebot des Art. 3 GG? (unveröffentl.) Rechtsgutachten, 1954, S. 18 Anm. 2.

[4]) Vgl. S. 10, Note 6 u. S. 11, Note 1.

[5]) Vgl. dazu auch Hans Ulrich Scupin, Über die Menschenrechte, in Gegenwartsprobleme des internationalen Rechts und der Rechtsphilosophie. Festschrift für Rudolf Laun, Hamburg 1953, S. 173—200 (189) wie auch Max Rümelin, a. a. O., S. 30, u. Erich Kaufmann, Die Gleichheit vor dem Gesetz i. S. des Art. 109 der WRV, in VVDStL 3, Berlin 1927, S. 2—23 (10f.).

[6]) A. A. Hans Nawiasky, Allgemeine Rechtslehre als System der rechtlichen Grundbegriffe, 2. erw. Aufl., Einsiedeln-Zürich-Köln 1948, S. 9, u. viele andere.

[7]) Vgl. dazu auch Carl Schmitt, Verfassungslehre, München und Berlin 1928, S. 139.

[8]) Vgl. Otto v. Gierke, Deutsches Privatrecht, Bd. 1, Leipzig 1895, S.114: „Im Wesen des Rechts ist nur begründet, daß an sich ein Zwang als angemessen empfunden wird. Vom Grade der wirklichen Erzwingbarkeit hängt lediglich die äußere Vollendung des Rechtes ab."

Bindung des Gesetzgebers an den Gleichheitssatz von Zeidler[1]) eingeschränkt: Art. 3 I bleibe „infolge Substanzlosigkeit[2]) der Bindung" ein Programmsatz und damit allein ohne effektive Bindung[3]). Wiewohl die Unterscheidung zwischen Bindung und effektiver Bindung abwegig ist, schwebt Zeidler insoweit etwas richtiges vor, als er den Zusammenhang zwischen dem Inhalt einer Bestimmung und der Tragweite oder auch der Art der Bindung erkennt. Unrichtig bleibt es aber, bei inhaltsarmen Verfassungsbestimmungen die Bindung überhaupt abzulehnen.

Für eine Ablehnung oder Beschränkung der Grundrechtsbindung des Gesetzgebers läßt das Grundgesetz also keinen Raum mehr.

b) Art der Bindung

Bevor aber Art. 3 I auf seine Inhaltlichkeit untersucht werden kann, stellt sich die Frage, ob nicht Art. 1 III schon generell auch die Art der Rechtsverbindlichkeit für alle Grundrechtsbestimmungen festlegt.

Gemäß Art. 1 III bindet der Gleichheitssatz als unmittelbar *geltendes* Recht. Was besagt das?

Diese Formulierung wird in der Regel auf dem Hintergrund einer Kontroverse aus der Weimarer Zeit verstanden. Die Staatsrechtslehre unter der WRV und für sie repräsentativ Anschütz[4]) hatte nämlich zwischen „Rechtssätzen im engeren Sinne" und „bloßen[5]) Rechtsgrundsätzen" (auch Richtlinien, bloße Programme genannt[6])) unterschieden, die der „aktuellen Geltung und Anwendbarkeit entbehrten"[7]). In dem Bestreben, verfassungstheoretische Streitfragen durch positive Normierung zu lösen, habe der Bonner Verfassunggeber nun versucht, die rechtliche Geltungskraft der Grundrechtsbestimmungen dadurch allgemein festzulegen, daß er die frühere Unterscheidung durch Art. 1 III beseitigte[8]).

Das ist nur teilweise richtig, weil Art. 1 III den früheren Streit nur beendet hat, insoweit eine Bindung des Gesetzgebers überhaupt ge-

---

[1]) Wolfgang Zeidler, Die Aktualität des Gleichheitssatzes nach dem Bonner Grundgesetz, in DöV 1952, S. 4—7 (6). Der Ausdruck Positivität trifft das Gemeinte nicht. Vgl. Hans J. Wolff, Rechtsgrundsätze und verfassunggestaltende Grundentscheidungen als Rechtsquellen, in Forschungen u. Berichte aus dem öffentl. Recht, Gedächtnisschrift für Walter Jellinek, München 1955, S. 33—52 (34). Zeidler meint mangelnde inhaltliche Bestimmtheit, m. a. W. fehlende Rechtssatzqualität.

[2]) Ebd. S. 5. Auch dieser Terminus ist verfehlt: dennBindung ist relatio, also gerade kein substantielles Sein. Zeidler will sagen „infolge eines fehlenden Anknüpfungspunktes (terminus a quo) für die Bindung".

[3]) Ebd. S. 6.

[4]) Gerhard Anschütz, a. a. O., Grundrechte u. Grundpflichten der Deutschen, Vorbem. 5c und 6.

[5]) Hervorhebung vom Verfasser.

[6]) Anschütz, ebd., Vorbem. 7.

[7]) Bereits damals hat freilich Carl Schmitt, Inhalt und Bedeutung des zweiten Hauptteils der Reichsverfassung, in HDStR II, Tübingen 1932, S. 572—606 (599) die Unhaltbarkeit dieser Unterscheidung überzeugend dargetan.

[8]) Vgl. Zeidler, a. a. O., S. 4, Ipsen, a. a.O., S. 140, Theodor Maunz, Deutsches Staatsrecht, 5. Aufl., München und Berlin 1956, S. 78 und Wernicke in Bonner Kommentar, Erl. II 4a zu Art. 1.

leugnet wurde[1]), nicht aber insoweit man bei grundsätzlicher Anerkennung dieser Bindung über deren verschiedene Auswirkungen diskutierte[2]).

„Bloße" (d. h. hier rechtlich unverbindliche) Programmsätze[3]) hat es richtiger Auffassung nach schon in der WRV nicht gegeben und gibt es erst recht nicht im GG[4]). Das und nicht mehr meint Art. 1 III, wenn er die Grundrechtsbestimmungen ausdrücklich als geltendes Recht bezeichnet[5]).

*

Damit ist noch gar nichts über die Rechtssatzqualität einer Grundrechtsbestimmung gesagt, darüber also, ob sie Subsumtionssatz, d. h. Obersatz eines eingliedrigen Syllogismus sein kann. Nur einem solchen Rechtssatz sprach die Weimarer Lehre wegen seiner inhaltlichen Bestimmtheit *unmittelbare* Anwendbarkeit zu. Dieser Terminus kennzeichnete hier also die Beziehung zu den rechtsanwendenden Organen und bedeutete „ohne Einschaltung einer vermittelnden Instanz (nämlich des einfachen Gesetzgebers) anwendbar."

Da das Wort „unmittelbar" in Art. 1 III sich aber in gleicher Weise auf die Rechtsetzung bezieht, kann ihm die obige Bedeutung nur dann zukommen, wenn es auch in dieser Beziehung einen Sinn ergibt. Das ist aber nicht der Fall[6]). Denn der Zusatz „unmittelbar" bestimmt den Begriff „Geltung" in bezug auf die Rechtsetzung nicht näher, weil es einen Mittler zwischen Verfassunggeber und Gesetzgeber und also eine mittelbare Geltung für die „Rechtsetzung" nicht gibt[7]).

---

[1]) So Anschütz, a. a. O., Anm. 2 zu Art. 109; Richard Thoma, Grundrechte und Polizeigewalt, Festgabe für das Preuß. OVG, Berlin 1925, S. 183—223 (219ff.) und Hermann Jahrreiß, Die staatsbürgerliche Gleichheit, in HDStR II, S. 624 bis 637 (629); Otto Mainzer, a. a. O., S. 28.

[2]) Vgl. dazu Carl Schmitt in HDStR II, S. 599.

[3]) Mangels einer Verbindlichkeit gehören solche — trotz der irreführenden Bezeichnung als Rechtsgrundsätze — nicht dem Bereich des Rechts, sondern dem der politischen Versprechungen an.

[4]) A. A. Josef Esser, Grundsatz und Norm in der richterlichen Fortbildung des Privatrechts, Tübingen 1956. Da dieses Werk erst nach Abschluß vorliegender Untersuchung erschien, konnte es nur noch in einem kurzen — hier einschlägigen — Nachtrag (S. 90) berücksichtigt werden.

[5]) Richtigerweise hat das Grundgesetz den in der Weimarer Zeit häufigen Ausdruck „aktuell geltendes Recht" vermieden. Aktuelle Geltung ist nämlich eine Tautologie; es gibt kein potentiell geltendes Recht, wohl einen Gesetzesentwurf, der künftig Geltung erhalten soll, oder aber einen („aktuell" geltenden) Rechtsgrundsatz, der einer Konkretisierung durch einen (wiederum „aktuell" geltenden) Rechtssatz bedürftig ist.

[6]) Im Gegenteil kann diese Formulierung den einfachen Gesetzgeber zu dem Fehlschluß verleiten, die Grundrechtsbestimmungen seien als unmittelbar geltendes Recht seiner „Vermittlung" nicht mehr bedürftig oder gar fähig. Man denke an das Unterlassen der Anpassung des Familienrechtes an Art. 3 II GG.

[7]) Unrichtig ist es, als mittelbar geltend das Recht zu bezeichnen, „das der Verfassungsgeber dem sogenannten einfachen Gesetzgeber zu setzen aufgegeben hat", denn dieses besitzt überhaupt keine Geltung. So bei v. Mangoldt-Klein, a. a. O., Anm. V 3d zu Art. 1.

Aus einem weiteren Grund kann „unmittelbar" nicht den oben genannten Sinn haben: Art. 1 III spricht von der Bindung der drei Funktionsbereiche der staatlichen Gewalt; da aber mittelbar geltendes Recht die rechtsanwendenden Organe per definitionem gerade nicht bindet, wird die Bezeichnung unmittelbar, so verstanden, zu einer Tautologie.

Demgegenüber ergibt die Formulierung in Art. 1 III einen Sinn, wenn man ihr die Bedeutung beimißt, die Geltung der Grundrechtsbestimmungen festzusetzen, ohne daß es ihrer Aufnahme in die Länderverfassungen bedarf. Diese in der Literatur bisher noch nicht vertretene Auslegung findet ihre Stütze in der Entstehungsgeschichte der Vorschrift, bei deren Betrachtung man bedenken muß, daß in der Entstehungszeit des Grundgesetzes die Mehrzahl der westdeutschen Länder bereits Verfassungen mit Grundrechtsteilen hatten.

Der Verfassungskonvent von Herrenchiemsee[1]) sah sich daher vor die Frage gestellt, ob das Grundgesetz die staatlichen Organe des Bundesgebietes „unmittelbar" an seine Grundrechte binden solle, oder ob es genüge, die Länder zur Übernahme dieser Grundrechte in ihre Verfassungen zu veranlassen, und entschied sich für die erste Alternative.

In der dritten Plenarsitzung des Parlamentarischen Rates[2]) wurde zu dieser Vorschrift erklärt, diese Grundrechte sollten „nicht nur Anforderungen an die Länderverfassungen, nicht nur eine Garantie der Ländergrundrechte, sondern unmittelbar geltendes Bundesrecht sein ...".

So darf davon ausgegangen werden, daß der Verfassunggeber mit dem Wortlaut des Art. 1 III diese — und nur diese — Bedeutung verbinden wollte[3]), und daß diese Vorschrift daher weder über die rechtslogische Struktur[4]) noch über die Anwendbarkeit oder Justitiabilität der Grundrechtsbestimmung etwas aussagt[5]), wohl aber deren Rechtscharakter und damit deren für alle Adressaten gleiche Verbindlichkeit zum Ausdruck bringt[6]). Dabei ist freilich die Art der Bindung des Gesetzgebers eine wesentlich andere als die von Rechtsprechung und Verwaltung. In

---

[1]) Vgl. den Bericht über den Verfassungskonvent auf Herrenchiemsee v. 10. bis 23. 8. 1948, hrsgg. v. Verfassungsausschuß d. Ministerpräsidenten-Konferenz der westl. Besatzungszonen, München o. J. (1948), S. 21.

[2]) Vgl. die Äußerung des Abg. Schmid, zit. bei v. Doemming-Füßlein-Matz, a. a. O., S. 43.

[3]) Vgl. in diesem Zusammenhang auch den Art. 142 GG.

[4]) Unrichtig ist daher die Ansicht Zeidlers, a. a. O., S. 6, die in Art. 1 III statuierte Unmittelbarkeit sei je nach der Bestimmtheit der Grundrechtssätze „inhaltlich realisiert" oder nicht.

[5]) Diejenigen Autoren, die dem Art. 1 III — explizite oder implizite — eine generelle Charakterisierung der Grundrechtsbestimmungen entnehmen, müssen dann überall dort Ausnahmen von dieser „allgemeinen Regel" annehmen, wo der Wortlaut einer einzelnen Grundrechtsbestimmung „dagegensteht". Vgl. dazu v. Mangoldt-Klein, a. a. O., Vorbem. B VII 3 zu den Grundrechten; Maunz, a. a. O., S. 77; Wernicke in Bonner Kommentar, Erl. II 4a zu Art. 1; Zeidler, a. a. O., S. 4.

[6]) Insoweit richtig Mallmann, Besprechung eines Urteils des Bad. OVA Freiburg v. 18. 7. 1950, in DRZ 1950, S. 411 a. E.

manchen Sätzen, die ihrem Inhalt nach nur den Gesetzgeber angehen, lebt das direktive Element stärker fort als in solchen, die auch (!) die rechtsanwendenden Organe unmittelbar binden[1]). Die Art der Bindung ist also nicht der generellen Vorschrift des Art. 1 III, sondern dem Inhalt der einzelnen Grundrechtsbestimmungen zu entnehmen.

2. Die Bindung von privaten Rechtssubjekten an Art. 3 I GG

Für die Bindung privater Rechtssubjekte an den Gleichheitssatz fehlt eine dem Art. 1 III GG entsprechende Vorschrift. Es bedarf also der Prüfung, ob eine evtl. Bindung an den Gleichheitssatz durch Art. 3 selbst oder auf andere Weise bewirkt wird.

a) Bindung durch Art 3 I GG selbst?

Aus dem *Wortlaut* des Gleichheitssatzes selbst vermag eine solche Bindung nicht begründet zu werden. Art. 3 I gebietet Gleichheit vor dem Gesetz, also bei Setzung und Anwendung eines Rechtssatzes, nicht vor dem Rechtsgeschäft. Auch von den Abs. II und III des Gleichheitsartikels her, die nach der h. M. als Konkretisierungen des Abs. I gelten, ergibt sich eine Bindung privater Rechtssubjekte nicht: Abs. II bietet hierzu keinen Anhaltspunkt, Abs. III läßt die Frage offen, wenn man ihn allein liest „niemand darf (von wem?) benachteiligt oder bevorzugt werden".

Der *Zusammenhang* mit den übrigen Grundrechtsbestimmungen rechtfertigt sogar die Annahme, daß der Verfassunggeber durch Art. 3 eine solche Bindung nicht begründen wollte, weil er andernfalls seinen Willen — wie dies für die Beeinträchtigung der Koalitionsfreiheit in Art. 9 III 2 GG[2]) geschehen ist — ausdrücklich bekundet hätte[3]).

Ergibt sich aber eine Bindung privater Rechtssubjekte an den Gleichheitssatz nicht einfach daraus, daß Art. 3 als Verfassungsbestimmung allem sonstigen Recht im Range vorgeht? Die Versuche, eine solche Bindung aus dem *Rechtscharakter* von Art. 3 zu begründen, bedienen sich verschiedener Konstruktionen.

Einmal wird von einer *Drittwirkung* eines Grundrechts i. S. eines subjektiven öffentlichen Rechts gesprochen[4]) und dabei an eine Wirkungsausdehnung dieses (subjektiv-öffentlichen) Rechtes auf den Privatrechtsverkehr gedacht, durch die der einzelne neben dem klassischen Grund-

---

[1]) Sinngemäß zit. nach Maunz, a. a. O., S. 78 (Hervorhebungen vom Verfasser).

[2]) Art. 9 III 2 GG lautet: Abreden, die dieses Recht einschränken oder zu behindern suchen, sind nichtig, hierauf gerichtete Maßnahmen sind rechtswidrig.

[3]) Vgl. dazu auch Alfred Hueck, Die Bedeutung des Art. 3 des Bonner Grundgesetzes für die Lohn- und Arbeitsbedingungen der Frau (Rechtsgutachten), Köln 1951, S. 16.

[4]) Vgl. die Literaturhinweise bei v. Mangoldt-Klein, a. a. O., Die Grundrechte, Vorb. A II 4 wie auch Günther Beitzke, Gleichheit von Mann und Frau, in: Die Grundrechte, a. a. O., S. 199—242 (211f.).

rechtsschutz vor staatlichen Eingriffen auch einen solchen vor den „sozialen Gewalten"[1]) erhalten soll.

Die Unmöglichkeit solcher Drittwirkung ist bei v. Mangoldt-Klein[2]) nicht (wie üblich) mit historischen Hinweisen, sondern mit systematischen Argumenten überzeugend dargetan.

Auch die Unterscheidung zwischen Grundrechten, die „nur" einen status negativus libertatis und solchen, die (auch) einen status positivus socialis garantieren — wobei der Gleichheitssatz z. B. von Nipperdey[3]) den letzten zugerechnet wird —, hilft nicht weiter, da sie wohl die Anspruchsart, nicht aber den Anspruchsgegner bezeichnet.

Unbewiesen bleibt desgleichen die Behauptung, der Charakter der Grundrechte habe sich im Grundgesetz gegenüber der Reichsverfassung generell verändert[4]). Im Gegenteil hat v. Mangoldt, dessen Ansicht in dieser Frage besonderes Gewicht zukommt[5]), nachgewiesen[6]), daß der Parlamentarische Rat die Grundrechte „nur im Sinne der alten klassischen Grundrechte" ausgestalten wollte.

Da auch der Wortlaut der einzelnen Grundrechtsbestimmungen[7]) anderes nicht erkennen läßt, verbleibt den Verfechtern einer Drittwirkung für jeden einzelnen Fall die Beweislast, daß und in welchem Ausmaß der Verfassunggeber die geschichtlich gewachsene Schutzfunktion der Grundrechte gegenüber dem Staat erweitern wollte.

Anders versucht v. Mangoldt-Klein (in freilich engen Grenzen), die Bindung privater Rechtssubjekte zu begründen. Er verwendet den Ausdruck Drittwirkung nicht bezüglich der subjektiven-öffentlichen Grundrechte, sondern denkt an die Grundrechtsbestimmungen, denen — je nach ihrem Inhalt — neben der „Grundrechtswirkung" noch eine objektive Wirkung als Einrichtungsgarantie bzw. als Grundsatznorm für außerverfassungsrechtliche Rechtsgebiete eigne[8]). — Nach Klein ist nun Art. 3 in allen seinen Bestandteilen eine Grundsatznorm und wirkt daher als deren oberster Rechtssatz auch in Rechtsbereiche außerhalb

---

[1]) Das besagt juristisch nichts anderes als vor jedem privaten Rechtssubjekt, da für „soziale Gewalten" keine eigenen Rechtsformen zur Verfügung stehen.

[2]) A. a. O., Die Grundrechte, Vorb. A II 4d, wie auch Friedrich Klein, Rechts gutachten über verfassungsrechtliche Fragen des Urteils des BAG v. 2. 3. 1955 betreffend Lohngleichheit von Mann und Frau, Düsseldorf (1956), S. 24—26.

[3]) Hans Carl Nipperdey, Gleicher Lohn der Frau für gleiche Leistung, in RdA 1950, S. 122—128 (124).

[4]) Vgl. ebenda S. 124.

[5]) Hermann v. Mangoldt war Vorsitzender des Ausschusses für Grundsatzfragen im Parlamentarischen Rat.

[6]) Hermann v. Mangoldt, Grundrechte und Grundsatzfragen des Bonner Grundgesetzes, in: AöR 75. Bd. (1949), S. 273—290 (275).

[7]) Mit Ausnahme des Art. 9 III 2; vgl. darüber S. 18, Note 2.

[8]) v. Mangoldt-Klein, a. a. O., Die Grundrechte, Vorbem. A VI, wo die verschiedenen rechtlichen Wirkungen der einzelnen Grundrechtsbestimmungen des Grundgesetzes in scharfsinniger Analyse aufgezeigt und zum ersten Male in ein geschlossenes System gebracht werden.

des Verfassungsrechts[1]). Als Grundsatznorm gehe Art. 3 einmal allen niederrangigen Rechtssätzen vor, zum anderen wirke er *über die Vorschrift des § 134 BGB* auch auf Rechtsgeschäfte und damit in den Privatrechtsverkehr ein[2]). Zwar spricht Klein diese Wirkung Art. 3 Abs. I wegen dessen mangelnder Bestimmtheit ab, bejaht sie aber bei den meisten Merkmalen des Abs. III und hält sie damit grundsätzlich für möglich.

Diese Ansicht begegnet nicht nur praktischen Bedenken, da sich über das erforderliche Maß an Konkretheit einer diese Wirkung auslösenden Grundrechtsbestimmung keine abgrenzenden Angaben machen lassen; auch theoretisch sind gegen diese Konstruktion Einwendungen zu erheben. Richtig ist daran, daß an sich der Weg über § 134 BGB beschritten wird. Auch kann ein solches Verbot in einem Gesetz enthalten sein, ohne ausdrücklich genannt zu werden[3]), immer kommen aber nur solche Vorschriften als gesetzliche Verbote i. S. des § 134 BGB in Frage, die Verträge bestimmten Inhaltes verhindern wollen. Bleibt eine dahingehende Absicht des Gesetzgebers auch nur zweifelhaft, so streitet eine Vermutung für die Privatautonomie in ihrer dreifachen Stufung, nämlich für die Freiheit überhaupt zu handeln, mit einem beliebigen Rechtssubjekt und in beliebiger Weise zu kontrahieren. Denn der Grundsatz der Vertragsfreiheit ist bis heute — wenngleich im Grundgesetz nicht verankert[4]) — so doch bestimmendes Ordnungsprinzip unseres Sozial- und Wirtschaftslebens[5]). Um die Privatautonomie zu beschränken, bedarf es daher einer bewußten (verfassungs-)gesetzlichen Regelung, die entweder den Grundrechten generell eine weitere Bedeutung verleiht[6]) oder den entsprechenden Willen ausdrücklich oder implicite in Art. 3 äußert. Beides ist im Grundgesetz nicht geschehen.

Auf einem anderen Blatt steht die Bindung privater Rechtssubjekte an gewisse Verbote des Gleichheitssatzes *über die Vorschrift des § 138 BGB*[7]). Bei weitem nicht alles, was dem Gleichheitsgrundsatz widerspricht, verletzt schon die guten Sitten. Immerhin sind solche Verstöße möglich, und da der Begriff der guten Sitten — ganz im Gegensatz zu

---

[1]) Vgl. Friedrich Klein, Rechtsgutachten, a. a. O., S. 29—33, wie auch v. Mangoldt-Klein, a. a. O., Die Grundrechte, Vorbem. A VI 4a.

[2]) Vgl. ebenda A II 4e.

[3]) Vgl. E. Riezler in I. v. Staudinger, Kommentar zum BGB und zum Einführungsgesetz, 1. Bd.: Allgem. Teil, 2, 10. Aufl., München-Berlin-Leipzig 1936, Anm. 5 zu § 134. Man denke z. B. an eine Absprache unter Ehegatten zur Erleichterung der Scheidung, an einen Vertrag, der einen Mindestlohn zuungunsten eines Arbeitnehmers abdingt u. ä.

[4]) Vgl. aber Art. 43 der (früheren) badischen Verfassung v. 28. 5. 1947 und Art. 52 der Verfassung von Rheinland-Pfalz v. 24. 5. 1947.

[5]) Vgl. Günther Beitzke, a. a. O., S. 211; Ludwig Raiser, a. a. O., S. 92 und Alfred Hueck, Bedeutung, S. 10—26, passim.

[6]) Vgl. dazu aber S. 19, Note 6.

[7]) Vgl. dazu Günther Beitzke, a. a. O., S. 211 und Walter Jellinek, a. a. O., S. 426.

dem der Sittlichkeit! — ein relativer ist, nämlich das zum Inhalt hat, was dem Anstandsgefühl aller billig und gerecht Denkenden entspricht, ist es durchaus denkbar, daß sich vom Gleichheitssatz, namentlich von einzelnen Verboten des Abs. III her, entsprechende Anschauungen bilden oder korrigieren. Insofern mag man hier mit aller Vorsicht von einer mittelbaren Drittwirkung des Gleichheitssatzes sprechen.

Weder über eine Drittwirkung noch über die beiden Vorschriften des BGB konstruiert Raiser[1]) die Bindung privater Rechtssubjekte an den Gleichheitsgrundsatz[2]). Der Gleichheitsgrundsatz richte sich nicht nur im hergebrachten Sinne des Grundrechtsartikels an die Staatsorgane, sondern durchwalte als ein überpositiver, unmittelbar *aus der Gerechtigkeitsidee* zu entwickelnder Rechtssatz unser ganzes öffentliches und privates Recht[3]). Aus dem Gleichheitsprinzip, einem Gebot des objektiven Rechts[4]), werden nun von Raiser direkt Rechtspflichten gewisser privater Rechtssubjekte gefolgert[5]). Diese Ableitung vermag nicht zu überzeugen.

Nach zwei Seiten hin läßt Raiser eine begriffliche Unterscheidung vermissen, die hier wesentlich ist und bei Hans J. Wolff[6]) besonders klar durchgeführt wird. Hinsichtlich der inhaltlichen Bestimmtheit des „Gleichheitsgrundsatzes", also der unmittelbaren oder mittelbaren „Anwendbarkeit" fehlt eine Unterscheidung von Rechtssatz und Rechtsgrundsatz[7]); hinsichtlich seiner normativen Kraft innerhalb des Privatrechts eine solche zwischen Rechtsgrundsätzen als (deduktiv gewonnenen) Ableitungen aus dem Rechtsprinzip und den sog. allgemeinen Rechtsgedanken als den (induktiv) abstrahierten rechtlichen Grundgedanken eines bestimmten Sachgebietes[8]).

Raiser geht verschiedenen „Anwendungsfällen" des Gleichheitsgrundsatzes im Privatrecht nach[9]) und gelangt anstatt (methodisch richtig) zum Aufweis eines allgemeinen Rechtsgedankens für bestimmte

---

[1]) Ludwig Raiser, a. a. O., S. 90.

[2]) Die vor Erlaß des Grundgesetzes erschienene Schrift spricht richtig vom Gleichheitsgrundsatz; nach dessen Formulierung in Art. 3 Abs. I GG hat sie auch im Rahmen dieser Untersuchung Bedeutung.

[3]) Vgl. ebenda S. 90.

[4]) Ebenda S. 94. Zur Stützung seiner Gedanken beruft sich Raiser zu Unrecht auf Ernst Rudolf Huber, Bedeutungswandel der Grundrechte, in AöR NF Bd. 23, Tübingen 1933, S. 1—98 (30—34), der auf S. 30 von einer Umformung des Gleichheitssatzes vom subjektiven Freiheitsrecht zu einem objektiven Rechtsprinzip spricht; Huber will damit lediglich die Legislativbindung des Staates begründen, nicht aber die Bindung privater Rechtssubjekte; vgl. bes. S. 33.

[5]) Vgl. Raiser, a. a. O., S. 94.

[6]) Wolff bedient sich dabei mitunter einer eigenen Terminologie.

[7]) Vgl. Hans J. Wolff, Rechtsgrundsätze, S. 44.

[8]) Vgl. ebenda, S. 37, 42. Unklar bleibt letztere Unterscheidung bei Menger, a. a. O., S. 71.

[9]) A. a. O., S. 78—90, wobei allerdings anzumerken ist, daß die Beispiele zum Wirtschaftsrecht meist dem öffentlichen Recht angehören.

Bereiche des Privatrechts durch eine Rechtsanalogie zur Entwicklung von „Rechtssätzen", mithin primären Rechtsquellen für richterliche Entscheidungen[1]). Ein solcher Induktionsschluß vermag wohl ein auf einen Einzelfall anwendbares Prinzip zu liefern, niemals aber kann man mit seiner Hilfe einen verbindlichen Rechtssatz gewinnen.

Auch aus dem Rechtscharakter von Art. 3 I als Grundrechtsbestimmung läßt sich die Bindung privater Rechtssubjekte an den Gleichheitssatz also nicht begründen.

b) Bindung durch einen Gewohnheits-Rechtssatz?

Es bleibt zu fragen, ob und in welchem Umfang sie in anderer Weise, nämlich durch einen Rechtssatz des Gewohnheitsrechtes[2]) bewirkt wird, ob also eine entsprechende, von einem Rechtsgeltungswillen getragene, längere Übung nachzuweisen ist. Eine solche wurzelt in der allgemeinen Rechtsüberzeugung, d. h. in dem von der Vernunft überprüften Rechtsgefühl, und manifestiert sich — namentlich auf dem Gebiet des Privatrechts — heute meist in einem allgemein anerkannten Gerichtsgebrauch[3]).

Überprüft man daraufhin die einzelnen Rechtsgebiete innerhalb des Privatrechts, in denen sich der Gleichheitsgedanke konkretisiert, so stößt man — abgesehen von der Anerkennung der Rechtsfähigkeit eines jeden Menschen in § 1 BGB und der gesetzlich geregelten Gläubigerbefriedigung im Konkurs — auf gewisse Fragen des Familien- und Erbrechts, auf die Probleme des Kontrahierungszwanges im Wirtschaftsrecht sowie auf Teile des Verbands- und des Arbeitsrechtes[4]). Solche Überprüfung ist freilich nur empirisch möglich und kann daher nur den Gewißheitsgrad solcher Erhebungen beanspruchen[5]).

Von einer gewohnheitsrechtlichen Angleichung des Familienrechtes an den Grundsatz der Gleichberechtigung kann bisher kaum die Rede sein; allenfalls im ehelichen Güterrecht zeichnen sich vielleicht entsprechende Ansätze ab. Auch im Erbrecht findet der Gleichheitsgrundsatz gewohnheitsrechtlich keine weitergehende Anerkennung als dies in den gesetzlichen Vorschriften[6]) geschehen ist. Desgleichen wird man einen

---

[1]) Zutreffend ist die Ableitung Raisers freilich für die Vorschrift über die Rechtsfähigkeit aller Menschen in § 1 BGB, wo es sich wirklich um die Anerkennung eines allgemeinen Rechtsgrundsatzes handelt.

[2]) Über das Gewohnheitsrecht als gleichrangige Rechtsquelle neben dem geschriebenen Recht vgl. Ludwig Enneccerus, Allgemeiner Teil des bürgerlichen Rechts, 14. Aufl., bearb. v. Hans Carl Nipperdey, 1. Halbbd., Tübingen 1952, S. 156—170 mit den dort. Literaturangaben und vor allem Max Rümelin, Die bindende Kraft des Gewohnheitsrechtes und ihre Begründung, Tübingen 1929, insbes. S. 47ff.

[3]) Vgl. Enneccerus-Nipperdey, a. a. O., S. 162 und Forsthoff, Lehrbuch I, a. a. O., S. 124.

[4]) Vgl. dazu Raiser, a. a. O., S. 81—90.

[5]) Die folgenden Aussagen stützen sich allerdings nur auf Stichproben und können daher nicht ohne weiteres als repräsentativ angesehen werden.

[6]) Gemeint sind die Bestimmungen über die gesetzliche Erbfolge (§§ 1924—1936 BGB) und den Pflichtteil (§§ 2303—2338 BGB).

Kontrahierungszwang im Bereich des Privatrechtes[1]) nicht auf Gewohnheitsrecht stützen können, auch nicht bei gesetzlich nicht erfaßtem Monopolmißbrauch, weil es dazu der erforderlichen allgemeinen Rechtsüberzeugung ermangelt.

Anders im Verbandsrecht, wo ein durch längeren anerkannten Gerichtsgebrauch erhärteter ungeschriebener Rechtssatz die gleichmäßige Behandlung der Mitglieder durch die Organe befiehlt[2]) und damit inhaltlich als Konkretisierung des Gleichheitsgrundsatzes erscheint[3]).

Nicht so klar liegen die Verhältnisse im Arbeitsrecht. Sicher wird man die Pflicht des Arbeitgebers zur Beachtung des Gleichheitsgebotes bei der Verteilung freiwilliger Sozialleistungen und zur Gleichbehandlung der Arbeitnehmer[4]) anerkannten Sätzen des Gewohnheitsrechtes entnehmen können[5]). Sehr zweifelhaft erscheint die Bindung der Arbeitgeber an den Gleichheitsgrundsatz bei der Ausübung von Gestaltungsrechten, etwa bei einer einzelnen Kündigung bei und den Wiedereinstellungen nach einem Streik[6]). Wegen des Fehlens eines dahingehenden Rechtsgeltungswillens, der durch die große Zurückhaltung der Gerichte in dieser Frage unterstrichen wird, ist hier ein Gewohnheitsrecht nicht zustande gekommen. Auch die vom Bundesarbeitsgericht bejahte Bindung der Tarifvertragsparteien an Art. 3 II[7]) wird bisher von den Betroffenen durchaus nicht allgemein anerkannt[8]). Die konsequente Durchführung des Grundsatzes der Lohngleichheit würde dann auch zu einer Angleichung der Männerlöhne untereinander führen müssen[9]). Ihr steht allerdings heute noch eine einheitliche Rechtsüberzeugung entgegen.

Auf den ersten Blick mag der Eindruck entstehen, als habe sich das Gewohnheitsrecht zum Gleichheitsgrundsatz recht willkürlich entwickelt; allein, die Bereiche innerhalb des Privatrechtes, in denen sich solches Gewohnheitsrecht gebildet hat, lassen sich von den übrigen

---

[1]) Dabei ist zu berücksichtigen, daß es sich in den weitaus meisten Fällen um einen im Interesse des Gemeinwohles notwendigen öffentlich-rechtlichen Eingriff handelt, z. B. bei privaten Beförderungs- und den öffentlichen Versorgungsbetrieben.

[2]) Vgl. S. 7, Noten 1—6.

[3]) Vgl. im einzelnen die Nachweise bei Raiser, a. a. O., S. 83.

[4]) Vgl. S. 5, Note 8 und S. 6, Note 1.

[5]) Beides wird von der heute noch herrschenden Lehre aus der dem Arbeitsverhältnis entspringenden Fürsorgepflicht des Arbeitgebers gefolgert (siehe S. 5, Note 8); das ist jedoch etwas weit hergeholt, da sich Fürsorge- und Treuepflicht ihrem Wesen nach je auf den einzelnen Arbeitnehmer beziehen und daher ihren Inhalt durch die Bedürfnisse des Einzelfalles, niemals aber durch das Maß der Leistungen an andere erhalten können.

[6]) Vgl. S. 6, Noten 4 und 5.

[7]) Vgl. S. 12, Note 1.

[8]) Es handelt sich hier um Richterrecht, das m. E. einer geschriebenen wie ungeschriebenen Rechtsgrundlage entbehrt, deswegen freilich nicht ungerecht zu sein braucht, weil die schöpferische „Anwendung“ eines Grundsatzes durch den Richter häufig mehrere gerechte Entscheidungen zuläßt.

[9]) Vgl. Bötticher, a. a. O., S. 162.

durch ein inneres Kriterium *scheiden*, handelt es sich doch bei diesen immer um ein der Verkehrsgerechtigkeit, bei jenen um ein der justitia distributiva unterstehendes Verhältnis[1]).

Nach der überlieferten aristotelisch[2])-thomistischen[3]) Einteilung der Gerechtigkeitsarten unterscheiden sich beide dadurch, daß die ausgleichende Gerechtigkeit (justitia commutativa) die Beziehungen von einer Privatperson zur anderen, die austeilende Gerechtigkeit (justitia distributiva) die Beziehungen des Ganzen zu seinen Teilen regelt[4]). Unter diesem „Ganzen" versteht Thomas von Aquin[5]) nun nicht nur die civitas. Auch in kleineren Gemeinschaften, etwa in der Familie, kann kraft der Autorität einer Privatperson eine Zuteilung stattfinden.

Wo sich *also* einander gleichstehende Privatpersonen gegenübertreten, fehlt eine gewohnheitsrechtliche „Anwendung" des Gleichheitsgrundsatzes. So im heutigen Familienrecht, wo die Beseitigung der Vorrangstellung des Mannes — mindestens im Eherecht — einen rechtsleeren Raum schuf. Auch im Erbrecht ist ein gleichmäßiges „Verteilen der

---

[1]) Auf dieses Kriterium ist auch bei Bötticher, ebenda, hingewiesen.

[2]) Aristoteles, Nikomachische Ethik 5, 5, 1130b 30—1131a 1. Τῆς δὲ κατὰ μέρος δικαιοσύνης καὶ τοῦ κατ'αὐτὴν δικαίου ἓν μέν ἐστιν εἶδος τὸ ἐν ταῖς διανομαῖς τιμῆς ἢ χρημάτων ἢ τῶν ἄλλων ὅσα μεριστὰ τοῖς κοινωνοῦσι τῆς πολιτείας (ἐν τούτοις γὰρ ἔστι καὶ ἄνισον ἔχειν καὶ ἴσον ἕτερον ἑτέρου), ἓν δὲ τὸ ἐν τοῖς συναλλάγμασι διορθωτικόν.

[3]) Thomas von Aquin, Summa theologiae, II, II qu. 61, 1 co: Potest autem ad aliquam partem duplex ordo attendi. Unus quidem partis ad partem: cui similis est ordo unius privatae personae ad aliam. Et hunc ordinem dirigit commutativa justitia, quae consistit in his quae mutuo fiunt inter duas personas ad invicem. — Alius ordo attenditur totius ad partes: et huic ordini assimilatur ordo ejus quod est commune ad singulas personas. Quam quidem ordinem dirigit justitia distributiva, quae est distributiva communium secundum proportionalitatem.

[4]) A. A. Emil Brunner, Gerechtigkeit, Zürich 1943, S. 34, Hans Nef, Gleichheit und Gerechtigkeit, Zürich 1941, S. 89 und Hans Ulrich Scupin, Die Gleichberechtigung von Mann und Frau im Bereich des öffentlichen Rechts, (unveröffentl.) Rechtsgutachten (1953), S. 7 (und im Anschluß an Scupin Paulick, a.a.O., S. 130), nach denen der Unterscheidung zwischen ausgleichender und austeilender Gerechtigkeit Gesichtspunkte von Gleichheit und Ungleichheit zugrunde liegen, und die sich insoweit zu Unrecht auf Aristoteles und Thomas von Aquin berufen (vgl. oben Note 2 u. 3). Die für beide Gerechtigkeitsarten gültigen Gleichheitsmaßstäbe folgen aus den beiden Ordnungsbereichen: in der justitia commutativa bestimmt sich der Maßstab nach dem Gleichmaß von Sache zu Sache (arithmetische Gleichheit), in der justitia distributiva nach dem Verhältnis der Sachen zur Person (geometrische Gleichheit). Vgl. Aristoteles, Nikomachische Ethik 5, 7, 1131b 27—1132a 2. Τὸ μὲν γὰρ διανεμητικὸν δίκαιον τῶν κοινῶν ἀεὶ κατὰ τὴν ἀναλογίαν ἐστὶ τὴν εἰρημένην· καὶ γὰρ ἀπὸ χρημάτων κοινῶν ἐὰν γίγνεται ἡ διανομή, ἔσται κατὰ τὸν λόγον τὸν αὐτὸν ὅνπερ ἔχουσι πρὸς ἄλληλα τὰ εἰσενεχθέντα· καὶ τὸ ἄδικον τὸ ἀντικείμενον τῷ δικαίῳ τούτῳ παρὰ τὸ ανάλογόν ἐστιν. τὸ δ' ἐν τοῖς συναλλάγμασι δίκαιον ἐστὶ μὲν ἴσον τι, καὶ τὸ ἄδικον ἄνισον, ἀλλ'οὐ κατὰ τὴν ἀναλογίαν ἐκείνην ἀλλὰ κατὰ τὴν ἀριθμητικήν. und Thomas von Aquin, S. th., II, II, qu. 61, 2 co. So ist z. B. das allgemeine Wahlrecht Ausfluß der justitia distributiva. A. A. Scupin, Rechtsgutachten, S. 8.

[5]) S. th. II. II, qu. 61, 1, ad 3.

gemeinschaftlichen Habe" nicht mehr Pflicht[1]), da unser Recht die Familie nicht als rechtliche Einheit begreift, sondern Erblasser und Erben auf der gleichen Stufe einander gegenüberstellt. Schließlich sind auch im privaten Wirtschaftsrecht allein die Grundsätze der Verkehrsgerechtigkeit maßgebend; deren regulatives Prinzip ist aber die Privatautonomie, weil die beiderseitigen Interessen der Parteien ohne Ansehen der Person abgesteckt werden und daher allein nach arithmetischen Grundsätzen zum Ausgleich kommen.

So auch im Arbeitsrecht; dort, wo sich Arbeitnehmer und Arbeitgeber, etwa bei der Begründung und Beendigung des Arbeitsverhältnisses, bei der Festsetzung der Arbeitsbedingungen usw. als Vertragspartner gegenüberstehen, verlangt die Rechtsüberzeugung der Betroffenen keine Beachtung des Gleichheitsgrundsatzes. — Anders dagegen, wo der Arbeitgeber von dem „Betriebsvermögen" (freiwillig) zuteilt, wo er innerhalb des Arbeitsverhältnisses Lasten auferlegt und Erleichterungen schafft und so der Belegschaft gegenübertritt; hier hat sich ein entsprechendes Gewohnheitsrecht gebildet.

Auch im Verbandsrecht besteht gewohnheitsrechtlich nur dort eine Pflicht zur Gleichbehandlung, wo der Verband (distributiv) in Beziehung zu seinen Mitgliedern tritt.

Innerhalb des Privatrechtes sind also diejenigen Rechtssubjekte durch Gewohnheitsrechtssätze einem Gleichbehandlungsgebot unterworfen, die als Organwalter oder Repräsentanten eines rechtlich geformten[2]) Sozialgebildes dessen Gliedern gegenübertreten, wenn und soweit die Rechtsstellung der Glieder zueinander bestimmt oder Güter zugeteilt bzw. Lasten auferlegt werden[3]).

Es wird sich zeigen, daß dieser auf induktivem Weg umschriebene Umfang einer Gleichheitsbindung im Privatrecht dem Wesen des in Art. 3 I GG formulierten Gleichheitsgrundsatzes entspricht, der begrifflich eine gleichzubehandelnde, rechtlich verbundene Personenmehrheit und einen „Darüberstehenden" voraussetzt, der gleich zu behandeln hat.

Diese Entsprechung rechtfertigt es jedoch noch nicht, jene Erscheinungen im Privatrecht deshalb ohne weiteres der Normativwirkung des Gleichheitssatzes, also Art. 3 I GG zu unterstellen.

---

[1]) Das trotz der gesetzlichen Regelung des Pflichtteilsrechtes. Vgl. S. 22, Note 6. und Max Salomon, Der Begriff der Gerechtigkeit bei Aristoteles, Leiden 1937, S. 24ff.

[2]) Das Erfordernis der rechtlichen Verbundenheit der einzelnen Glieder ist eine conditio sine qua non; keinesfalls kann Raiser, a. a. O., S. 91f. darin zugestimmt werden, daß auch die „Mieter in der großstädtischen Mietskaserne", die „Abnehmer von Massenware" unter dieses Gebot fallen sollen.

[3]) Die Konstruktion Raisers, a. a. O., S. 92f., zunächst den Geltungsbereich des Gleichheitsgrundsatzes auszudehnen, dessen Inhalt aber dann infolge der Vertragsfreiheit generell auf die Chancengleichheit zu beschränken, vermag nicht zu überzeugen.

Sie sind nämlich unabhängig von den Gleichheitsartikeln der Verfassungen entstanden und empfangen ihre Verbindlichkeit allein aus der originären Rechtsquelle des Gewohnheitsrechts.

II. Die Berechtigungssubjekte und deren „Rechte“

1. Die Berechtigungssubjekte

Der Kreis der aus dem Gleichheitssatz Berechtigten läßt sich nicht so leicht umschreiben, wie nach dem Wortlaut von Art. 3 I zu vermuten ist. Der Ausdruck „alle Menschen“ weist zunächst auf die natürlichen Personen hin, und zwar ohne Rücksicht auf deren Staatsangehörigkeit; denn der Gleichheitssatz ist im Grundgesetz zum Menschenrecht ausgestaltet[1]), weshalb sich der Fremde (Ausländer wie Staatenlose) in gleicher Weise[2]) auch auf ihn berufen können[3]).

Schwieriger ist die Frage der „Grundrechtsfähigkeit“ juristischer Personen. Nach Art. 19 III GG gelten die Grundrechte auch für inländische juristische Personen des privaten und öffentlichen Rechts (z. B. die Gemeinden), soweit sie ihrem Wesen nach auf diese anwendbar sind. Das kann für den Gleichheitssatz angenommen werden[4]), weil auch juristische Personen als solche, insofern sie Glieder eines Ganzen sind, „einer gleichen Behandlung gegenüber anderen Gliedern“ fähig und bedürftig sind[5]).

Aus dem gleichen Grund sollten auch nicht rechtsfähige Personengruppen unter derselben Voraussetzung den Schutz des Gleichheitssatzes genießen[6]); denn auch sie sind als Glieder dem Ganzen gegenüber verpflichtet und berechtigt, obwohl ihre Einheit juristisch keinen Ausdruck gefunden hat.

---

[1]) Art. 109 Abs. 1 WRV lautete: Alle Deutschen sind vor dem Gesetz gleich.

[2]) Die von Ipsen, a. a. O., S. 127 und bei v. Mangoldt-Klein, a. a. O., Anm. II 7 zu Art. 3 angeführten Einzelbestimmungen der Art. 8, 9, 11, 12 GG schränken dieses Recht in Wahrheit nicht ein, da eine Differenzierung nach der Staatsangehörigkeit keineswegs durch den Gleichheitssatz verboten wird.

[3]) Insofern hat sich im Grundgesetz eben rechtlich doch Entscheidendes geändert. A. A. Ipsen, a. a. O., S. 134f., dessen Rekurs auf das allgemeine Völkerrecht an dieser Stelle entbehrlich erscheint.

[4]) Dieses Ergebnis wird durch die Entstehungsgeschichte des Art. 19 III bestätigt, der zunächst den Gleichheitssatz neben anderen Grundrechtsbestimmungen ausdrücklich nannte, dann aber aus redaktionellen Gründen seine heutige Fassung erhielt. Vgl. v. Doemming-Füßlein-Matz, a. a. O., S. 180—183. A. A. Theodor Maunz, Staatsrecht, bis zur 4. Aufl. (S. 98), jedoch ohne Begründung.

[5]) Vgl. auch BVerfGE 3, 383—407 (390), Westermann, a. a. O., S. 19/20 sowie v. Mangoldt-Klein, a. a. O., Anm. II 9 zu Art. 3 mit den dortigen Verweisungen.

[6]) So z. B. Wählergruppen und politische Parteien; vgl. dazu BVerfGE 3, 383 bis 407 (391f.), v. Mangoldt-Klein, ebenda und Ipsen, a. a. O., S. 136. A. A. Ernst Forsthoff, Anmerkungen zum Urteil des OVG Lüneburg v. 19. 6. 1950 in AöR, 76. Bd. (1950/51) S. 369—376 (373), dem freilich zuzugeben ist, daß diese Anwendung nicht auf Art. 19 III gestützt werden sollte.

Bedenklich erscheint dagegen die Anwendung des Gleichheitssatzes als solchen auf staatsrechtliche Beziehungen zwischen Bund und Ländern, wie sie durch das BVerfG[1]), durch Ipsen[2]) und (für die Weimarer Zeit) durch Leibholz[3]) geschehen ist. Denn Art. 3 meint als Grundrechtsbestimmung alle Menschen und die ihnen in Art. 19 III gleichgestellten inländischen (also innerstaatlichen) juristischen Personen und dürfte „seinem Wesen nach" nicht auf das Verhältnis der Gliedstaaten zum Zentralstaat anwendbar sein[4]), weil das insoweit deren Unterordnung unter den Zentralstaat voraussetzte. Es ist also nicht eine Frage des Grundrechtsschutzes, sondern des Bundesstaatsrechts[5]), womit freilich nicht geleugnet werden soll, daß der Art. 3 I GG zugrunde liegende Gleichheitsgrundsatz (als allgemeiner Rechtsgrundsatz) auch in dieses Rechtsgebiet hineinwirkt; der bei v. Mangoldt-Klein[6]) sog. Organisations-Gleichheitsgedanke hat seinen Niederschlag nicht in Art. 3, sondern allenfalls in Art. 20 I GG gefunden.

Erst recht hat der Gleichberechtigungsgrundsatz im Völkerrecht keine Beziehung zu Art. 3 GG. Er erhält seine verbindliche Kraft aber nicht etwa durch einen Gewohnheitsrechtssatz, sondern unmittelbar aus seiner Eigenschaft als „Besonderer Rechtsgrundsatz"[7]).

2. Die Berechtigungen[8])

Allgemein lassen sich bei den Berechtigungen je nach den Durchsetzungsmöglichkeiten mehrere Intensitätsstufen unterscheiden[9]). Die aus dem Gleichheitssatz fließenden Begünstigungen sind zweifacher Natur.

Er verbrieft zunächst einmal kein subjektives öffentliches Recht im engeren (klassischen) Sinne, also einen Anspruch, von einer bestimmten

---

[1]) Vgl. BVerfGE 1, 14—66 (52f.) und 1, 117—143 (140f.); an beiden Stellen wird eine solche Frage aus dem Bundesstaatsrecht unter Art. 3 subsumiert.

[2]) Hans Peter Ipsen, a. a. O., S. 136.

[3]) Gerhard Leibholz, Die Gleichheit vor dem Gesetz, Berlin 1925 (zit. Gleichheit 1925) S. 152, 154.

[4]) Im Ergebnis übereinstimmend mit Franz Jerusalem, Das Urteil des Bundesverfassungsgerichts über den Südweststaatsstreit, in NJW, 5. Jg. (1952) S. 45—48 (47r).

[5]) Vgl. dazu Carl Schmitt in HDStR II, S. 594, Note 79.

[6]) A. a. O., Anm. II 4c und 9 a. E. zu Art. 3.

[7]) Vgl. dazu Hans J. Wolff, Rechtsgrundsätze, a. a. O., S. 41.

[8]) Im Rahmen dieser Arbeit war es entbehrlich, die Arten der aus dem Gleichheitssatz entspringenden Verpflichtungen näher zu untersuchen, weil es für die an Art. 3 I gebundenen Träger öffentlicher Gewalt an sich gleichgültig ist oder doch sein sollte, ob und auf welchem Wege sie gezwungen werden können, ihren Verpflichtungen nachzukommen. Denn diese erhalten, wie oben S. 10f. erwähnt, ihren Rechtscharakter nicht erst durch die ihnen korrespondierenden Berechtigungen und Kontrollmöglichkeiten.

[9]) Vgl. etwa die Einteilung der Rechtsbefugnisse nach ihrer Stärke bei Richard Thoma in HDStR II S. 616f.

Behörde ein konkretes Tun oder Unterlassen zu verlangen[1]); er garantiert vielmehr kraft seiner „Grundrechtswirkung“ einen negativen Status, d. h. eine Rechtsstellung, aus der im Falle ihrer Beeinträchtigung ein Abwehranspruch erwächst.

Soweit die (fiskalische) Bedarfsverwaltung an den Gleichheitssatz gebunden ist, wirft er m. E. nur einen sog. Rechtsreflex, d. h. der Verpflichtung korrespondiert keine Berechtigung i. e. S., weil Art. 3 hier den Privatpersonen keine einer Beeinträchtigung fähige Rechtsstellung einräumen will und kann[2]).

Eine nur unvollkommene (d. h. von niemanden erzwingbare) Berechtigung muß auch für die Fälle angenommen werden, in denen der Gesetzgeber zwar ohne Einschränkung an den Gleichheitssatz gebunden ist, die aber verfassungsgerichtlicher Nachprüfung nicht zugänglich sind, wie die Ermessensfragen der Legislative[3]).

§ 2: Die Geltungskraft des Gleichheitssatzes: Seine Funktion innerhalb der Rechtsordnung.

Mit der Bestimmung seines Adressatenkreises ist die Frage nach der Geltung des Gleichheitssatzes nicht erschöpft. Auch seine „innere Geltungskraft“ bedarf der Untersuchung, und von daher richtet sich der Blick auf seine verschiedenen Funktionen innerhalb der Rechtsordnung.

I. Die Geltungskraft des Gleichheitssatzes

Eine Aussage über die Geltungskraft des Gleichheitssatzes setzt eine Stellungnahme zu der Frage voraus, ob Art. 3 I GG konstitutiv Verfassungsrecht setzt oder „nur“ ohnehin geltendes, vorstaatliches, d. h. der Verfügung rechtsstaatlicher Gewalt entzogenes Recht deklariert; m. a. W.: liegt der Geltungsgrund des Gleichheitssatzes in oder über der Verfassung?

Ipsen[4]) und ihm folgend v. Mangoldt-Klein[5]) erkennen „keinen Gleichheitssatz schlechthin“ an; jedem Staat, der sich zu ihm bekennt,

---

[1]) Vgl. Forsthoff, Lehrbuch I, a. a. O., S. 158.

[2]) Vgl. dazu Hans J. Wolff, Der Abwendungsanspruch aus öffentlichen Reflexrechten, insbesondere im Fürsorgerecht, in Festschrift zur Feier des 25jährigen Bestehens der Westfälischen Verwaltungsakademie Münster und der Verwaltungs- und Wirtschaftsakademie Industriebezirk, Sitz Bochum, Münster-Berlin-Bad Godesberg 1950, S. 119—136 (127, 136).

[3]) Vgl. dazu die durchaus zutreffenden Ausführungen von Forsthoff, Maßnahme-Gesetze, S. 233.

[4]) A. a. O., S. 127f. (ohne Begründung).

[5]) A. a. O., Anm. II 8 zu Art. 3. Die dort gegebene Begründung erscheint nicht schlüssig, weil aus der Grundsatznormwirkung des Gleichheitssatzes seine „Vorstaatlichkeit“ weder gefolgert noch bestritten werden kann.

„gebühre sein Gleichheitssatz seiner Verfassung". Dieser vom Standpunkt eines Rechtspositivisten aus folgerichtigen Ansicht vermag der Verfasser nicht beizupflichten[1]).

Die gegenteilige Position bezieht das BVerfG, wenn es ausführt[2]), die Gleichheit vor dem Gesetz gehöre „so sehr zu den Grundbestandteilen unserer verfassungsmäßigen Ordnung, daß auf den überpositiven Rechtsgrundsatz zurückgegriffen werden müßte, wenn der Gleichheitssatz nicht in Art. 3 geschriebenes Verfassungsrecht geworden wäre"[3]).

So allgemein gefaßt, begegnet m. E. auch diese Ansicht insofern Bedenken, als sie die geschichtlich bedingte und gewollte politische Stoßkraft des Gleichheitssatzes übersieht oder entschärft[4]).

Man kann m. E. auch nicht mit Huber[5]) von einem Bedeutungswandel des Gleichheitssatzes im Sinne einer Umformung vom subjektiven Freiheitsrecht zu einem objektiven Rechtsprinzip sprechen; denn ein subjektives Recht fließt immer aus einem (objektiven) Rechtssatz, sei es unmittelbar, sei es mittelbar, wenn ein Tatbestandsmerkmal einem anderen Rechtssatz zu entnehmen ist.

Was sich ändern kann und tatsächlich wandelt, ist der einem so allgemein formulierten „Prinzip" von der Rechtsüberzeugung beigelegte Inhalt. Man denke etwa an die Inhaltsbestimmungen der „Gleichheit vor dem Gesetz" in der Staatsrechtslehre des 19. Jahrhunderts und vergleiche diese mit dem, was das heutige Rechtsbewußtsein aus Art. 3 I herausliest, wie es sich etwa in den Begründungsschriften der auf den Gleichheitssatz gestützten Verfassungsbeschwerden zeigt. Dieser dem Wechsel der politischen Zeitströmung unterworfene Inhalt ist aber nicht der ganze Gehalt des Gleichheitssatzes: Art. 3 I ist mehrschichtig; er vereinigt in sich ein statisches, unveränderliches Element neben einem dynamischen und wandelbaren.

So sind die oben angeführten — freilich zu ausschließlich formulierten — Meinungen nur scheinbar widersprüchlich[6]), und die vorangestellte Frage nach der Vorstaatlichkeit des Gleichheitssatzes enthält keine echte Alternative. Denn der Gleichheitssatz formuliert einmal den sog. Gleichheitsgrundsatz, einen allgemeinen Rechtsgrundsatz, ausdrücklich und nimmt insofern an dessen (vorstaatlicher) Geltungskraft teil[7]), zum

---

[1]) Eine notwendig ins Grundsätzliche führende Auseinandersetzung mit dem Rechtspositivismus würde den Rahmen dieser Arbeit sprengen.

[2]) BVerfGE 1, 208—261 (233).

[3]) Ähnlich Maunz, a. a. O., S. 99, im Gleichheitssatz sei ein Rechtsprinzip aufgestellt, das überpositiv gelte. Vgl. auch Raiser a. a. O., S. 90.

[4]) So Ernst Rudolf Huber, Bedeutungswandel S. 30—34 (32), nach dem die neuere Auslegung in Art. 109 I WRV den Ausdruck des allgemeinen Gerechtigkeitsprinzips erblickt.

[5]) Ebenda.

[6]) Beide sehen pars pro toto.

[7]) Vgl. Hans J. Wolff, Rechtsgrundsätze, a. a. O., S. 38.

anderen bringt er gleichzeitig eine verfassunggestaltende Grundentscheidung[1]) zum Ausdruck und ist insofern wie diese dem Willen des Verfassunggebers (eventuell dem des verfassungsändernden Gesetzgebers) unterworfen.

Besonders klar kommt diese Unterscheidung in einem Urteil des Bayerischen Verfassungsgerichtshofes v. 10. 6. 1949[2]) zur Geltung, in der es heißt: „Art. 118 I Bayr. Verf. erkennt ... den Gleichheitsgrundsatz als ein solches für alle Menschen gültiges Grundrecht an. Er ist zugleich Ausdruck der demokratischen Grundordnung der Verfassung ...“[3]).

Diese Doppelschichtigkeit mag auf den ersten Blick kompliziert erscheinen; allein beide Schichten lassen sich gut unterscheiden. Allgemeiner Rechtsgrundsatz ist der Inhalt des Gleichheitssatzes nur insoweit, als er sich unzweifelhaft als Ableitung aus dem Prinzip der Gerechtigkeit ergibt[4]), verfassunggestaltende Grundentscheidung insoweit, als der Staat durch ihn eine politische Grundwertung ausspricht[5]), die vom Gleichheitsgrundsatz nicht erfaßt wird, aber dieser nicht widerspricht. So ergeben sich z. B. die politische Gleichberechtigung der Staatsbürger, das allgemeine gleiche Wahlrecht[6]), die Gleichberechtigung von Mann und Frau[7]) und das Verbot differenzierter Behandlung nach ständischen Gesichtspunkten nicht (konsekutiv) aus dem Gleichheitsgrundsatz, sondern aus der Art. 3 I (auch) zugrunde liegenden verfassunggestaltenden Grundentscheidung, die sich freilich in Konsonanz mit dem Rechtsgrundsatz hält und halten muß[8]).

Denn der in Art. 3 I zunächst und primär enthaltene Gleichheitsgrundsatz setzt als allgemeiner Rechtsgrundsatz den Bestimmungen der

---

[1]) Vgl. dazu Carl Schmitt, Verfassungslehre, S. 23f. Zu der aufgezeigten Unterscheidung vgl. weiter ebendort, S. 163 und 168f., wie auch Otto Bachof, Verfassungswidrige Verfassungsnormen? Tübingen 1951, S. 38 und 42, dem insoweit voll zugestimmt werden kann.

[2]) In VerwRspr. 2. Bd. (1950) S. 3—7 (5).

[3]) Vgl. dazu auch Josef Wintrich, Über Eigenart und Methode verfassungsgerichtlicher Rechtsprechung, in Verfassung und Verwaltung, Festschrift für Laforet, München 1952, S. 227—249, besonders S. 237—239, wie auch Heinrich Triepel, Goldbilanzen-Verordnung und Vorzugsaktien, Ein Rechtsgutachten, Berlin und Leipzig 1924 S. 26: „Der erste Satz des Art. 109 I WRV enthält nämlich keineswegs nur eine Formulierung des dem demokratischen Charakter der Verfassung entsprechendem Gleichheitsideals ..., er bedeutet vielmehr nicht weniger das Verbot differenzieller Behandlung von Tatbeständen ...“

[4]) Vgl. Hans J. Wolff, Rechtsgrundsätze, S. 38.

[5]) Von Carl Schmitt, Verfassungslehre, S. 227 als demokratische Gleichheit bezeichnet.

[6]) Vgl. BVerfGE 1, 208—261 (242).

[7]) Ihre Einführung wird vom BVerfG selbst eine politische Entscheidung genannt; vgl. BVerfGE 3, 240.

[8]) Nur in diesem Sinne ist es richtig, die Abs. 2 und 3 als Konkretisierung des 1. Absatzes zu bezeichnen; ähnlich Hans J. Wolff, Rechtsgrundsätze, S. 51, der in Art 3 II eine selbständige verfassunggestaltende Grundentscheidung erblickt.

Abs. 2 und 3 eine unnachgiebige Schranke, obwohl das aus deren Wortlaut nicht zu entnehmen ist. Daß diese immanente Begrenzung gewollt ist, darf aus dem Bekenntnis des Grundgesetzes zum materiellen Rechtsstaatsprinzip gefolgert werden. So wird man nicht fehl gehen, wenn man — im Ergebnis mit der Interpretation des BVerfG übereinstimmend — annimmt, daß dem (freilich unbestreitbar) in Art. 3 I enthaltenen potentiellen politischen Element wie auch dessen aktueller Ausgestaltung in den Abs. 2 und 3 in der Verfassungsordnung des Grundgesetzes keine vom allgemeinen Rechtsgrundsatz losgelöste Bedeutung bzw. Funktion zukommt.

Von daher erscheint es gerechtfertigt, im weiteren Verlauf der Untersuchung den Akzent auf den Gleichheitsgrundsatz zu legen; denn nur dieser vermag dem Richter feste — wenn auch sehr allgemeine — Maßstäbe zu geben (oder besser: einen Rahmen abzustecken), während im übrigen politische Entscheidungen mitspielen, die vom Richter nicht an sich, sondern nur in ihrem Verhältnis zu dem Gleichheitsgrundsatz kontrolliert werden können.

II. Die Funktion des Gleichheitssatzes innerhalb der Rechtsordnung

Schon Carl Schmitt hatte mehrere mögliche Funktionen der Sätze des Grundrechtsteiles der WRV herausgestellt, die in den einzelnen Grundrechtsbestimmungen in verschiedener Konstellation und Stärke zusammentreffen können[1]; neuerdings ist bei v. Mangoldt-Klein ein System der möglichen Rechtswirkungen der Grundrechtsbestimmungen entworfen, dem hier weitgehend[2] gefolgt werden kann.

Neben der in der Regel einen klagbaren Anspruch gewährenden Grundrechtsfunktion, die (nur) einen status negativus liberatis gegen Beeinträchtigungen garantiert[3], wirkt der Gleichheitssatz regulierend als Grundsatznorm für die gesamte Rechtsordnung[4] — sei es unterrangige Rechtssätze derogierend, sei es richtunggebend für die Träger öffentlicher Gewalt, insbesondere für den Gesetzgeber — und ist schließlich Auslegungsregel für außerverfassungsmäßiges Recht[5].

Diesen Funktionen des Gleichheitssatzes ist noch eine wichtige hinzuzufügen: Art. 3 I ist gleichzeitig Rechtsquelle, also Erkenntnisgrund

[1]) Carl Schmitt in HDStR II, S. 572—606 (604ff.).

[2]) In diesem Rahmen besteht keine Veranlassung, eine Kritik dieses Systems der Grundrechtsbestimmungen zu versuchen; jedenfalls scheint die Abgrenzung der Begriffe „Grundrechtsbestimmung" und „Grundsatznorm" noch einer über den Rahmen eines Kommentars hinausgehenden Vertiefung zu bedürfen; m. E. ist die Notwendigkeit dieser Unterscheidung nicht ganz einsichtig.

[3]) v. Mangoldt-Klein, a. a. O., Anm. II 5 zu Art. 3.

[4]) Ebenda Anm. II 6.

[5]) Ebenda, Die Grundrechte, Vorbem. A VI 4b.

positiven Rechtes[1]), und zwar sowohl bezüglich des Gleichheitsgrundsatzes, als auch bezüglich der in ihm enthaltenen verfassunggestaltenden Grundentscheidung[2]).

Als sog. „elementarer Verfassungsgrundsatz"[3]) ist der Gleichheitssatz auch den sonstigen Verfassungsbestimmungen übergeordnet. Streitig ist, welche Wirkungen dies auslöst. Nach der Rechtsauffassung des Ersten Senats des BVerfG kann die Verfassung nur als Einheit begriffen werden. „Daraus folgt, daß auf der Ebene der Verfassung selbst ranghöhere und rangniedere Normen in dem Sinne, daß sie aneinander gemessen werden könnten, grundsätzlich nicht denkbar sind", sondern eben nur insofern, als diese gemäß jenen ausgelegt werden müssen[4]). Anders der Zweite Senat[5]), der sich insoweit dem Bayerischen Verfassungsgerichtshof anschließt und feststellt, daß niederrangige Verfassungsbestimmungen wegen Verstoßes gegen höherrangige nichtig sein können[6]). Letztere Ansicht verdient den Vorzug, weil erstens Verfassungsbestimmungen denkbar sind, die sich nicht durch bloße Auslegung mit Art. 3 I in Einklang bringen lassen, und weil zweitens die ausdrückliche Formulierung eines aus dem Gerechtigkeitsprinzips unmittelbar ableitbaren und daher der Verfassung vorausliegenden allgemeinen Rechtsgrundsatzes an dessen Geltungskraft nichts ändert.

Daraus folgt die potentiell derogierende Funktion des Gleichheitssatzes, insoweit er den Gleichheitsgrundsatz enthält, auch gegenüber niederrangigen Verfassungsbestimmungen[7]).

---

[1]) Vgl. Hans J. Wolff, Rechtsgrundsätze, S. 34 und die dortigen Verweisungen.

[2]) Über die besonderen Schwierigkeiten bei der Ableitung von Rechtssätzen aus einer verfassunggestaltenden Grundentscheidung vgl. ebenda S. 51.

[3]) Wenn auch der Gleichheitssatz vom BVerfG nie als ein solcher bezeichnet wird (auch nicht in der bei v. Mangoldt-Klein, a. a. O., Einleitung IV 7 a dafür zitierten BVerfGE 1, 14—66 (32f.), so darf ihm mit dem Bayerischen VerfGH v. 24. 4. 1950 in VerwRspr. 2 S. 273—284 (280) doch dieser höhere Rang zugesprochen werden.

[4]) BVerfGE 3, 225—248 (231f.). So auch bei v. Mangoldt-Klein, a. a. O., Die Grundrechte, Vorbem. A 6 vor 1 und 4a wie auch Willibalt Apelt, Verfassung und richterliches Prüfungsrecht, in JZ 1954, S. 401—405 (402) und Ipsen a. a. O., S. 158.

[5]) BVerfGE 1, 14—66 (32).

[6]) So auch Hans Nawiasky, Positives und überpositives Recht, in JZ 1954, S. 717—719 (718, Ziff. 6 und 7), dem insoweit uneingeschränkt gefolgt werden kann. Vgl. auch das Gutachten des BGH v. 6. 9. 1953 in BGHZ 11/Anhang, S. 36—91 (40f.).

[7]) Soweit der Gleichheitssatz verfassunggestaltende Grundentscheidung ist, kommt ihm diese Kraft nicht zu, da die einzelnen Verfassungsbestimmungen insoweit als gewollte Ausnahmen von der Regel verstanden werden müssen.

Zweiter Abschnitt

Der Inhalt des Gleichheitssatzes

Der Inhalt des Gleichheitssatzes soll in drei Teilen ermittelt werden. Nach dem Versuch seiner Auslegung gemäß den üblichen Interpretationsregeln (§ 3) sollen die wissenschaftlichen Meinungen und die Rechtsprechung zu Art. 3 I GG kritisch gewürdigt werden (§ 4). Schließlich folgt der Versuch einer Deutung des Gleichheitssatzes (§ 5).

§ 3: Versuch einer Auslegung gemäß den üblichen Interpretationsregeln

Als allgemeine Auslegungsmaxime ist die früher herrschende historisch-subjektive Methode heute der objektiv-kritischen gewichen. Jene[1]) suchte den im Gesetz zum Ausdruck gelangten Willen des Gesetzgebers zu ergründen, diese[2]) fragt nach dem objektiven Sinn der Verfassung, nach dem „Willen des Gesetzes selbst"[3]), oder sagt mit den Worten des BVerfG[4]): „Maßgebend für die Auslegung einer Gesetzesvorschrift ist der in dieser zum Ausdruck kommende objektivierte Wille des Gesetzgebers, so wie er sich aus dem Wortlaut der Gesetzesbestimmung und dem Sinnzusammenhang ergibt, in den diese hineingestellt ist. Nicht entscheidend ist dagegen die subjektive Vorstellung der am Gesetzgebungsverfahren beteiligten Organe oder einzelner ihrer Mitglieder über die Bedeutung der Bestimmung"[5]).

Die objektiv-kritische Methode dürfte heute schon deshalb den Vorzug verdienen, weil während des Initiativstadiums sich häufig sehr gegensätzliche Ansichten gegenüberstehen und die historische Methode daher der Gefahr unterliegt, in den Interessentengruppen „die" Gesetzgeber zu sehen und sich dadurch den Zugang zu einer unvoreingenommenen Gesetzesinterpretation zu verbauen[6]).

In methodischer Anlehnung an den Vorschlag von Ule[7]) ist zunächst Wortlaut und Stellung des Art. 3 I im Zusammenhang zu prüfen (I),

---

1) Vgl. Enneccerus-Nipperdey, a. a. O., S. 199, der den Gesetzgebungsakt für maßgebend hält.

2) So Maunz, a. a. O., S. 46f.

3) Diese anthropomorphe Ausdrucksweise ist freilich unscharf und daher mißverständlich.

4) BVerfGE 1, 299–322 (312).

5) Einen Mittelweg geht Hans Nawiasky, Rechtslehre, S. 131ff., der auf den erkennbaren letzten Willen des Gesetzgebers abstellt.

6) Vgl. auch Maunz, a. a. O., S. 45.

7) Carl Hermann Ule, Über die Auslegung der Grundrechte, in AöR, NF Bd. 21 (1932) S. 37–123 (121).

dann auf dessen Entstehungsgeschichte einzugehen (II)[1]) und hierauf der historische Werdegang zu verfolgen (III). Schließlich ist der Gleichheitssatz unter teleologischem Aspekt zu betrachten (IV).

I. Die logisch-systematische Interpretation

1. Logische Auslegung

Art. 3 I ist in der Aussageform gefaßt. Das kann nicht befremden, entspricht es doch durchaus der Gesetzestechnik, rechtliche Befehle in indikativische Form zu kleiden; man denke z. B. an die Fassung der Tatbestände im Strafgesetzbuch. Alle Interpreten stimmen darin überein, daß der Satz gedeutet werden kann: Alle Menschen sollen vor dem Gesetz gleich sein[2]).

Während der Gleichheitssatz in der WRV als Bürgerrecht formuliert war, hat ihn das Grundgesetz als allgemeines Menschenrecht ausgestaltet, was aus den Worten „alle Menschen" erhellt[3]).

Das Objekt, vor dem alle Menschen gleich sein sollen, muß ein Gesetz sein. Offen bleibt, ob nur Gesetze im formellen Sinn oder auch solche im materiellen Sinn gemeint sind, desgleichen, ob nur erlassene Gesetze oder auch Gesetzesvorlagen in Betracht kommen. Aber das besagt für das Verständnis des Satzes noch nichts.

Umstritten ist besonders die Bedeutung des Wortes „vor". Hierzu sei auf das oben Gesagte[4]) verwiesen.

Vom Wortlaut des Gleichheitssatzes her kann sowohl eine bloße Rechtsanwendungsgleichheit[5]) als auch die sog. Rechtssetzungsgleichheit[6]) angenommen werden. Der Ausdruck „vor dem Gesetz" vermag also keinen eindeutigen Sinn zu erschließen.

Auch über das Wort „gleich" besteht keine Einmütigkeit. Es kann vom Wortsinn her der Begriff „égalité" im Sinne einer mechanischen

[1]) Der sog. genetischen Interpretation gebührt der Vorzug vor der historischen, weil nicht von vornherein unterstellt werden darf, daß eine Anknüpfung an die geschichtliche Entwicklung gewollt ist.

[2]) Vgl. Otto Mainzer, a. a. O., S. 21 wie auch Karl Friedrichs, Gleichheit vor dem Gesetz, in JW 1927, S. 425—427 (425).

[3]) Vgl. oben S. 26f.

[4]) Vgl. oben S. 13.

[5]) Vgl. Thoma, Ungleichheit, S. 457—459 und zur Terminologie oben S. 9f.

[6]) Letzteres z. B. mit dem allerdings bedenklichen Argument, auch die Verfassungsbestimmung sei letztlich selbst Gesetz und die Tätigkeit des Gesetzgebers daher Verfassungsanwendung, vgl. bei Mainzer, a. a. O., S. 81; oder mit der Behauptung, die Gleichheit des Gesetzes sei stillschweigende Voraussetzung für die Gleichheit vor dem Gesetz, so bei Gerhard Leibholz, Gleichheit 1925, S. 35.

Gleichheit[1]) gemeint sein wie auch die verhältnismäßige Gleichheit im Sinne von aequitas[2]).

Damit ist nachgewiesen, daß der Wortlaut des Art. 3 I in verschiedener Hinsicht unklar ist und mehrere Auslegungen zuläßt. Hilft nun die systematische Interpretation weiter?

2. Systematische Interpretation

Betrachtet man den Abs. 1 zunächst im Zusammenhang des ganzen Art. 3, so kann in Abs. 1 ein allgemeines Prinzip gefunden werden, das in den Absätzen 2 und 3 näher konkretisiert wird, etwa wie Nawiasky[3]) meint, im Sinne einer persönlichen Rechtsgleichheit[4]). Umgekehrt kann mit Fug gefragt werden, ob der Abs. 1 nicht überflüssig sei, wenn er nur den Inhalt der folgenden Absätze allgemein ausdrücke; ob daher nicht in Abs. 1 die sachliche, in Abs. 2 und 3 aber die persönliche Rechtsgleichheit gemeint sei[5]). Schließlich hält Zeidler den Abs. 1 nur für einen leeren Programmsatz und spricht ihm offenbar einen juristisch relevanten Inhalt überhaupt ab[6]).

Sieht man den Gleichheitssatz im Zusammenhang des Grundgesetzes, so fällt der Blick zunächst auf die sog. besonderen Gleichheitssätze[7]); allein aus ihnen läßt sich nichts für die Inhaltsbestimmung von Art. 3 I entnehmen.

Dagegen ergibt der Zusammenhang mit dem Art. 1 I und 2 I eine inhaltliche Begrenzung des Gleichheitssatzes im Sinne einer systematischen sachlichen Gewährleistungsschranke[8]), d. h. die in Art. 3 I gewährte Rechtsgleichheit findet die Grenze ihrer Entfaltungsmöglichkeit an der Menschenwürde, den Rechten anderer, der verfassungsmäßigen Ordnung oder dem Sittengesetz[9]). Das sind aber alles von außen kommende Beschränkungen. Sie liefern keine Anhaltspunkte für den Inhalt des Gleich-

---

[1]) Vgl. dazu Thoma, Ungleichheit, S. 457.

[2]) Vgl. Heinrich Triepel, a. a. O., S. 29.

[3]) Hans Nawiasky, Die Gleichheit vor dem Gesetz im Sinne des Art. 109 WRV in VVDStL, Heft 3, Berlin und Leipzig 1927, S. *25—43* (36f.).

[4]) D. h. ein Gesetz darf nicht an persönliche Unterscheidungsmerkmale anknüpfen.

[5]) Sachliche Rechtsgleichheit bedeutet, daß das Gesetz Gleiches gleich, Ungleiches ungleich behandeln muß.

[6]) Zeidler, a. a. O., S. 4f.

[7]) So verbürgt eine Rechtsgleichheit: Art. 6 V (für uneheliche Kinder), Art. 9 III (die Koalitionsfreiheit), Art. 28 I (für das Wahlrecht in den Ländern), Art. 33 I und III (staatsbürgerliche Rechte), Art. 33 II (Zugang zu öffentlichen Ämtern), Art. 38 I (für das Wahlrecht im Bund), Art. 101 (Verbot der Ausnahmegerichte), Art. 103 I (Anspruch auf rechtliches Gehör). Vgl. dazu Ipsen, a. a. O., S. 120.

[8]) Der Ausdruck findet sich bei v. Mangoldt-Klein a. a. O., Die Grundrechte, Vorbem. B XV (2b), wo auch die Grundrechtsschranken zum ersten Male in ein geschlossenes System gebracht sind.

[9]) Insoweit kann Ipsen, a. a. O., S. 130 zugestimmt werden.

heitssatzes selbst, wie von dort her z. B. auch die Frage offenbleibt, ob eine persönliche oder sachliche Rechtsgleichheit garantiert wird.

Die logisch-systematische Interpretation kommt somit zu dem Ergebnis, daß Abs. 1 in seiner jetzigen Fassung nicht deutlich genug zum Ausdruck bringt, was er sagen soll. Eine Legalinterpretation, „amtliche Begründungen" oder Motive gibt es zum Grundgesetz nicht.

II. Die Entstehungsgeschichte des Gleichheitssatzes im Grundgesetz[1])

Den Materialien kommt keine selbständige Bedeutung zu[2]), aber vielleicht können sie die Absichten des historischen Gesetzgebers erkennbar machen. In Frage kommen Entwurf und Beratungen des Verfassungskonventes von Herrenchiemsee und des Parlamentarischen Rates.

1. Der Entwurf von Herrenchiemsee

Der „Entwurf eines Grundgesetzes des Verfassungskonventes auf Herrenchiemsee v. 10. bis 23. 8. 1948[3]) sah für Art. 14 des Entwurfs folgende Fassung vor:

1. Vor dem Gesetz sind alle gleich.
2. Der Grundsatz der Gleichheit bindet auch den Gesetzgeber.
3. Jeder hat Anspruch auf gleiche wirtschaftliche und kulturelle Entwicklungsmöglichkeiten.

Dem sehr weit gefaßten Abs. 3 läßt sich für die Inhaltsbestimmung des 1. Absatzes nichts entnehmen. Aber auch die Beratungen geben über den dem Art. 14 I beigelegten Inhalt keinen Aufschluß[4]).

2. Die Behandlung des Gleichheitssatzes im Parlamentarischen Rat

Im Entwurf des Fachausschusses des Parlamentarischen Rates für die Grundrechte v. 18. 10. 1948[5]) war dem damaligen Art. 19 im wesentlichen die heutige Fassung gegeben.

Der allgemeine Redaktionsausschuß fügte in seiner Stellungnahme zu dieser Formulierung v. 16. 11. 1948[6]) dem ersten Satz „Alle Deutschen

---

[1]) Vgl. zum ganzen v. Dömming-Füßlein-Matz, a. a. O., S. 66—72.

[2]) Vgl. BVerfGE 1, 299—322 (312): „Der Entstehungsgeschichte der Vorschrift kommt für deren Auslegung nur insofern Bedeutung zu, als sie die Richtigkeit . . . einer Auslegung bestätigt oder Zweifel behebt, die . . . allein nicht ausgeräumt werden können."

[3]) Vgl. den Bericht über den Verfassungskonvent von Herrenchiemsee, a. a. O., S. 62f.

[4]) Vgl. ebenda S. 22.

[5]) Parlamentarischer Rat, Drucksache Nr. 203.

[6]) Parlamentarischer Rat, Drucksache Nr. 282.

sind vor dem Gesetz gleich" einen zweiten erklärenden hinzu: „Der Gesetzgeber muß Gleiches gleich, Verschiedenes nach seiner Eigenart behandeln." Mit Zustimmung des Grundrechtsausschusses hatte Thoma noch die Einführung eines dritten Satzes vorgeschlagen: „Im übrigen ist es Aufgabe der Gesetzgebung, im Streben nach Gerechtigkeit und im Dienste des Gemeinwohls Gleiches gleich, Ungleiches verschieden zu behandeln." Thoma[1]) begründete seinen Vorschlag damit, eine Verpflichtung des Gesetzgebers, allen Menschen gleiche Rechte und Pflichten zuzuteilen, sei offensichtlich falsch. Der Redaktionsausschuß schloß sich aber dieser Ansicht nicht an.

In der ersten Fassung für die erste Lesung des Hauptausschusses v. 20. 1. 1949[2]) hatte der damalige Art. 4 folgenden Wortlaut:

1. Alle Menschen sind vor dem Gesetz gleich.
2. Der Gesetzgeber muß Gleiches gleich, er kann Verschiedenes nach seiner Eigenart behandeln.
3. Jedoch dürfen die Grundrechte nicht angetastet werden.

Dazu hatte v. Mangoldt ausgeführt, diese Fassung stelle gegenüber der Weimarer Zeit etwas Neues dar, der Gesetzgeber werde jetzt durch den Gleichheitssatz gebunden. Wenn der Gesetzgeber aber verschiedene Verhältnisse nach seiner Eigenart behandeln könne, so unterläge er überhaupt keinen Grenzen, und hier habe man durch den Satz 3 die Grundrechte einschalten wollen[3]).

Seit dem Vorschlag des Fünferausschusses für die 3. Lesung im Hauptausschuß v. 5. 2. 1949[4]) hatte der Artikel wieder die Fassung wie heute. Dazu schreibt v. Mangoldt[5]), die Streichung der Zusätze könne nur auf ein Mißverständnis zurückgeführt werden. Man habe wohl irrtümlich angenommen, auf Grund des Satzes 2 werde eine Diskriminierung aus rassischen Gründen möglich. Das sollte aber durch den 3. Satz ausgeschlossen sein.

Die Stellungnahme des Redaktionsausschusses wie auch die Fassung der ersten Lesung des Hauptausschusses enthielten einen eindeutigen Hinweis auf eine sachliche Rechtsgleichheit, wobei dem Gesetzgeber jedoch ein Ermessensspielraum eingeräumt war[6]). V. Mangoldt[7]) will nun trotz der Streichung der Sätze 2 und 3 den Absatz 1 so behandeln, als befänden sich die gestrichenen Sätze noch im Text. Mag das wirklich die Überzeugung des Grundsatzausschusses gewesen sein: die Sätze sind

[1]) Vgl. Thoma in Parlamentarischer Rat, Drucksache Nr. 244.
[2]) Parlamentarischer Rat, Drucksache Nr. 548.
[3]) Vgl. Die Verhandlungen des Hauptausschusses, Parl. Rat. Bonn 1948/49, S. 538.
[4]) Parl. Rat, Drucksache Nr. 543.
[5]) Vgl. Schriftlicher Bericht zum Entwurf des Grundgesetzes, Bonn 1949, S. 8.
[6]) So auch Zeidler, a. a. O., S. 4.
[7]) v. Mangoldt, Das Bonner Grundgesetz, Kommentar, Berlin u. Frankfurt 1953, Anm. 2 zu Art. 3.

und bleiben gestrichen, freilich ohne Begründung; denn aus den Protokollen läßt sich nirgends ein Anhaltspunkt für die Motive zu dieser Streichung gewinnen.

Vielleicht bestand wirklich das von Mangoldt erwähnte Bedenken, vielleicht wollte man sich nur kürzer fassen. Es bleibt aber auch die durchaus naheliegende Möglichkeit offen, daß man der eingeführten, klassischen Formulierung nichts hinzufügen wollte, um dem Gleichheitssatz den Inhalt zu geben, den er auf Grund einer langen historischen Entwicklung in der Weimarer Zeit erhalten hatte, und eine Klärung der dort aufgetretenen Streitfragen durch Rechtswissenschaft und Rechtsprechung zu ermöglichen.

III. Die geschichtliche Entwicklung des Gleichheitssatzes

Im Fortgang der Auslegung des Gleichheitssatzes erscheint es angebracht, seine ideengeschichtlichen Ursprünge sowie seine Entwicklung als Grundrechtsbestimmung in den Verfassungen in aller Kürze zu betrachten[1]).

1. Die ideengeschichtlichen Ursprünge des Gleichheitssatzes

Der Doppelcharakter des Art. 3 I als Gleichheitsgrundsatz und als verfassunggestaltende Grundentscheidung wurzelt in zwei verschiedenen Entwicklungslinien des Gleichheitsgedankens. Die eine kommt aus der aristotelisch-thomistischen Tradition, die andere beginnt mit dem rationalistischen Denken der Neuzeit.

Im Mittelalter war man überzeugt von der Gleichwertigkeit aller Menschen vor Gott; andererseits war die soziale und rechtliche Ungleichheit ein konstitutives Element der staatlichen Ordnung im Lehnsstaat und im dualistischen Ständestaat, ohne als Ungerechtigkeit empfunden zu werden.

Gleichheit war also nicht der Inhalt einer politischen Forderung, sondern ein der Gerechtigkeit immanenter Maßstab, und zwar war die arithmetische Gleichheit der ausgleichenden, die geometrische der austeilenden Gerechtigkeit eigen, nach der sich das Verhältnis der Gemeinschaft zu ihren Gliedern bestimmt[2]). Grundsatz für staatliche Zuteilungen war das „suum cuique tribuere", das eine der Würde des einzelnen und seinem Verdienst für die Gemeinschaft entsprechende Differenzierung verlangte.

Der moderne Gleichheitsbegriff hat seine Wurzeln im rationalistisch-mechanistischen Denken des 17. Jahrhunderts. Wie man alle Vorgänge

---

[1]) Im übrigen sei auf die überaus zahlreichen Darstellungen zur Geschichte des Gleichheitssatzes verwiesen. Vgl. dazu die Literaturangaben bei Ipsen, a. a. O., S. 115 wie auch Paul Meyer, Das Prinzip der Rechtsgleichheit in historischer und dogmatischer Betrachtung. Züricher Diss. 1923.

[2]) Vgl. S. 24, Note 2—5.

in der unbelebten Natur mechanisch zu erklären suchte[1]), so übertrug man dieses Denken auch in den organischen Bereich und erkannte die ratio als das den Menschen Bestimmende und allein für ihn Wesentliche[2]). Von allem anderen wurde abstrahiert; im Besitz der Vernunft waren alle Menschen gleich; qualitative Unterschiede waren unerheblich. Aus der so angenommenen substantialen Gleichheit der Menschen erwachte die Forderung nach gleichem Recht für alle, nach einer möglichst umfassenden „effektiven Gleichheit"[3]). Man richtete sich gegen Standes- und Steuerprivilegien, forderte gleiche Verfügungsfreiheit über jedes Eigentum und vor allem gleiche Rechte im politischen Raum. Diese Nivellierung der Rechtsunterschiede war vorbereitet durch die Politik der absoluten Monarchie. Vor dem souveränen Monarchen waren alle Menschen politisch in gleicher Weise unberechtigt; alle waren nur Untertanen (sujets). Charakteristisch ist der bekannte Ausspruch Mirabeaus[4]) gegenüber Ludwig XVI.: „L'idée d'une seule classe des citoyens aurait plu à Richelieu"[5]).

2. Die Entwicklung des Gleichheitssatzes als Grundrechtsbestimmung in den Verfassungen[6])

Gemeinhin wird angenommen, der Gleichheitssatz sei zum ersten Mal in der Virginia Bill of Rights v. 12. 6. 1776 enthalten gewesen. Aber der Wortlaut[7]) zeigt, daß hier noch nicht die abstrakt-mechanische Gleichheit gemeint ist, die ihre klassische Formulierung erstmals in der Con-

---

[1]) Galileo Galilei (1564—1642) hatte alle Veränderungen in der Natur auf mathematisch berechenbare Bewegungsvorgänge zurückgeführt und die Grundlage für die Erkenntnis der Substanzgleichheit aller Atome gelegt.

[2]) Namentlich René Descartes (1596—1650) hat diese Lehre philosophisch unterbaut, indem er, vom methodischen Zweifel ausgehend, sich allein im Denken als existierend erlebte.

[3]) „Von jeder sozialen oder historischen Abhängigkeit losgelöst", sind „die staatsbegründenden Individuen eine Art zusammengezählter mathematischer Einheiten von gleichem Wert, alle eine gleiche Summe von Rechten (an den Staat) abtretend". So Paul Meyer a. a. O., S. 19.

[4]) Zitiert bei Franz Schnabel, Geschichte der neuesten Zeit, 6. Aufl., Berlin u. Leipzig 1926, S. 2.

[5]) Treffend zusammengefaßt ist diese Entwicklung bei Franz Schnabel, Deutsche Geschichte im 19. Jh., Bd. 1, 3. Aufl., Freiburg 1947, S. 110: „Der Rationalismus hatte die Idee der Gleichheit begründet gefunden in der menschlichen Vernunft, die einem jeden Individuum zugeteilt ist . . . Der vom gleichen Geist erfüllte Fürstenstaat hatte die Anwendung davon gemacht, indem er eine einheitliche Masse von Untertanen schuf. Nun war der weitere Schritt, daß diese Masse einen unterschiedlosen Anteil am Staate erlangte und daß also aus den Untertanen Staatsbürger, citoyens, wurden."

[6]) Eine sehr ausführliche Darstellung findet sich bei Heinrich Aldag, Die Gleichheit vor dem Gesetz in der Reichsverfassung, Berlin 1925, S. 14—20.

[7]) Section 1: That all men are by nature equally free and independent and have certain inherent rights . . .

stitution of Massachussets v. 2. 3. 1780 erhielt[1]). Wie Jellinek[2]) nachgewiesen hat, sind die Menschenrechte als formulierte Rechtssätze aus den amerikanischen Verfassungen in die „Declaration des droits de l'homme et du citoyen" v. 26. 8. 1789[3]) gelangt und entstammen nicht dem Contrat Social von Rousseau.

In der heute geläufigen Form erscheint der Gleichheitssatz zuerst in der Constitution francaise von 1793[4]) und gelangte von dort im wesentlichen unverändert in die repräsentativen Verfassungen des 19. Jahrhunderts[5]). Wenn auch die ursprüngliche Formulierung wegen ihrer politischen Zugkräftigkeit erhalten blieb, so erlebte die Forderung nach Gleichheit in der Folgezeit zweimal einen Bedeutungswandel.

Nach der revolutionären Erzwingung gewisser Forderungen nach persönlicher Rechtsgleichheit war im konstitutionellen Staat insoweit Ruhe eingetreten; die persönliche Rechtsgleichheit war gewährleistet[6]). Ein

---

[1]) „All men are born free and equal and have certain natural, essentia and unalienable rights." Zitiert aus Georg Jellinek, Die Erklärung der Menschen- und Bürgerrechte, seit der 3. Aufl. bearbeitet von Walter Jellinek, 4. Aufl., Leipzig 1927, S. 20.

[2]) Georg Jellinek, a. a. O., S. 5–8.

[3]) Hier und ebenso in der Constitution francaise v. 3. 9. 1791 hat der Gleichheitssatz folgenden Wortlaut: Art. 1: Les hommes naissent et demeurent libres et égaux en droits. Les distinctions sociales ne peuvent être fondées que sur l'utilité commune.

[4]) Art. 3: „Tous les hommes sont égaux par la nature et devant la loi." Über den Unterschied zur Verfassung von 1789 vgl. Aldag, a. a. O., S. 15.

[5]) Charte constitutionell v. 4. 6. 1814, Art. 1: „Les Francais sont égaux devant la loi, quels soient d'ailleurs leurs titres et leurs rangs."

Constitution de la Belgique v. 7. 2. 1831, Art. 6: „Il n'y a dans l'Etat aucune distinction d'ordres. Les Belges sont égaux devant la loi."

Constitution de la République Francaise v. 4. 11. 1848, Art. 10: „Tous les citoyens sont également admissibles à tous les emplois publics, sans autre motif de préférence que leur mérite et suivant les conditions, qui seront fixées par les lois. — Sont abolis à toujours tout titre nobiliaire, toute distinction de naissance, de classe ou de caste."

Verfassung des Deutschen Reiches v. 28. 3. 1849, § 137: „Vor dem Gesetz gilt kein Unterschied der Stände. Der Adel als Stand ist aufgehoben. Alle Standesvorrechte sind abgeschafft. — Die Deutschen sind vor dem Gesetz gleich. Alle Titel, insoweit sie nicht mit einem Amte verbunden sind, sind aufgehoben . . ."

Preußische Verfassung v. 31. 1. 1850, Art. 4: „Alle Preußen sind vor dem Gesetz gleich. Standesvorrechte finden nicht statt . . ."

Schweizerische Bundesverfassung von 1848 u. 1874, Art. 4: „Alle Schweizer sind vor dem Gesetz gleich. Es gibt in der Schweiz keine Untertanenverhältnisse, keine Vorrechte des Ortes, der Geburt, der Familien und Personen."

Der Gleichheitssatz in dieser allgemeinen Form fehlt in den sog. landständischen Verfassungen der süddeutschen Staaten. Die Gleichheit der Bürger ist hier auf bestimmte Rechte und Pflichten beschränkt. Auch in der oben zitierten französischen Verfassung von 1848 kommt der Gleichheitssatz nicht in der allgemeinen Form zum Ausdruck, wird aber dafür eingehend konkretisiert.

[6]) Dies gilt ebenfalls nicht für die süddeutschen Verfassungen der Jahre 1818/19. Überhaupt kann man für die Deutsche Verfassungsgeschichte vom „konstitutionellen Staat" im eigentlichen Sinne erst seit 1848 sprechen.

Schutz gegen die gesetzgebende Gewalt erschien den Parlamenten gegenüber noch nicht erforderlich; denn bei ihnen glaubte man die Grundrechte am besten gesichert[1]). Die Verfassungen stellten eine Selbstbindung und Begrenzung der bis dahin unbeschränkten landesherrlichen Gewalt dar. Sie richteten sich ihrer Idee und Ausprägung nach vornehmlich gegen die Exekutive, vor deren Zugriff der Bürger gesichert sein wollte. Die Normvollziehung sollte ohne Ansehen der Person vor sich gehen, alle Menschen waren bei der Rechtsanwendung gleich zu behandeln. Von daher erklärt sich, daß im 19. Jahrhundert der Gleichheitssatz im allgemeinen die sog. Rechtsanwendungsgleichheit zum Inhalt hatte.

Mit dem teils organischen, teils revolutionären Übergang zur demokratischen Staats- und Regierungsform in etlichen europäischen Ländern stellte sich aber heraus, daß an Stelle des alten Souveräns ein neuer getreten war: dem souveränen Monarchen folgte das souveräne Parlament, dessen gesetzgeberischem Zugriff auch die Grundrechte nicht entzogen waren. Jetzt suchte man Sicherungen gegenüber der Willkür einer allmächtig gewordenen Legislative. Auch sie sollte an den Grundsatz der Gleichheit gebunden sein, in den Gesetzen selbst gleiches Recht für alle schaffen. Auf diesem Hintergrund sind die seit der Weimarer Zeit sich ständig mehrenden Versuche zu sehen, aus dem Gleichheitssatz einen entsprechenden Inhalt herauszulesen[2]).

Der Blick in die geschichtliche Entwicklung des Gleichheitssatzes zeigt dessen Bedeutungswandel und bestätigt, daß der erstarrte Wortlaut allein seinen Sinn nicht erschließen kann. „Es ist ein geschichtliches Gesetz steten Werdens, daß in jede Verfassung als ein Rechtsgefäß jedes Zeitalter, soweit es Umfang und Form erlaubt, seinen Inhalt hineingibt, ohne daß ein Buchstabe sich geändert hat.“[3]) Deshalb ist den inhaltlichen Deutungen des Gleichheitssatzes in Rechtswissenschaft und Rechtsprechung für die Auslegung besonders Gewicht beizulegen.

*

Wie verschiedene Deutungen des Gleichheitssatzes möglich sind, zeigt z. B. ein Vergleich der Verfassungspraxis in Preußen in der zweiten Hälfte des 19. Jahrhunderts mit der Entwicklung in der Schweiz und in Nordamerika[4]). Andererseits dürfen gerade deshalb die ausländischen

---

[1]) Vgl. Hans Nawiasky, Die Grundgedanken des Grundgesetzes für die Bundesrepublik Deutschland, Stuttgart und Köln 1950, S. 18ff.

[2]) Vgl. auch Hans Nawiasky, „Grundgedanken“, S. 18ff. und dazu Art. 16 I der Österreichischen Ständischen Verfassung v. 1. 5. 1934: „Alle Bundesbürger sind vor dem Gesetz gleich. Sie dürfen in den Gesetzen nur soweit ungleich behandelt werden, als es sachliche Gründe rechtfertigen. Insbesondere sind Vorrechte der Geburt, des Standes oder der Klasse ausgeschlossen.“

[3]) So Jagemann, Pr. Verw. Bl. 36, 300, zit. b. Aldag, a. a. O., S. 18

[4]) Für letztere vgl. Heinrich Triepel, a. a. O., S. 26, 29f.; Gerhard Leibholz, Gleichheit 1925, S. 78—81, vor allem die dort angeführten Entscheidungen; Paul Meyer, a. a. O., S. 25ff. und Eugen Curti, Das Prinzip der Gleichheit vor dem Gesetz, Berner Diss. 1888, passim.

Interpretationen nicht ohne weiteres für die Auslegung des Art. 3 I GG übernommen werden[1]); insofern ist eine rechtsvergleichende Untersuchung hier wenig ergiebig.

IV. Teleologische Interpretation

Die von Ule[2]) schließlich empfohlene teleologische Auslegungsmethode, gemäß der der Gleichheitssatz als Mittel zur Förderung des „gesollten Geschichtsverlaufes" verstanden und entsprechend interpretiert werden soll, ist hier nur mit allergrößter Vorsicht anzuwenden, weil sie m. E. geeignet ist, den Zugang zum richtigen Verständnis des Gleichheitssatzes zu verbauen.

Denn soweit Art. 3 I einen allgemeinen Rechtsgrundsatz enthält, bringt er eine gleichsam über dem Geschichtsverlauf stehende Norm zum Ausdruck, die nicht dessen Wandlungen unterliegt[3]); soweit er eine historisch-politische Entscheidung in Worte kleidet, ist das dahinterliegende τέλος kaum oder nur sehr allgemein zu erfassen, weil die Vorstellungen vom Staatszweck bei den einzelnen an der politischen Willensbildung beteiligten Gruppen sehr verschieden und dazu im Fluß sind.

Was freilich über das Verhältnis der beiden in Art. 3 I vereinigten Elemente zueinander gesagt wurde[4]), scheint sich unter dem Gesichtspunkt teleologischer Auslegung zu bestätigen: Weil das Grundgesetz primär den materiellen Rechtsstaat verwirklichen will und das in Art. 28 I verwendete Adjektiv „sozial" nicht antinomisch verstanden werden darf[5]), sondern nur die Bezeichnung „Rechtsstaat" näher charakterisiert, ist es auch von der Staatszielbestimmung her abwegig, das politische Element zu verselbständigen und z. B. mit Ipsen[6]) auch rechtlich (nicht nur tatsächlich) durch den Gleichheitssatz das Schwergewicht von der Sicherung der Freiheit auf die der Gleichheit verlagert zu sehen[7]).

---

[1]) So auch Hans Nawiasky, Gleichheit S. 27, jedoch ohne Begründung, Ernst v. Hippel, Zur Auslegung des Art. 109 I der Reichsverfassung, in AöR NF Bd. 10 (1926) S. 124—152 (144f.) und Wolfgang Dix, Das Grundrecht der Gleichheit und die Rechtssetzung, Marburger Diss. 1931, S. 26. Über den erheblichen Unterschied unseres Rechts gegenüber dem schweizerischen vgl. bei Aldag, a. a. O., S. 32—38.

[2]) A. a. O., S. 116f., 121.

[3]) Vgl. oben S. 29f.

[4]) Vgl. oben S. 30f.

[5]) Der Begriff „sozialer Rechtsstaat" kann m. E. nicht in die unvereinbaren Teilinhalte „Rechtsstaat" und „Sozialstaat" aufgelöst werden. Das Grundgesetz spricht an keiner Stelle vom Sozialstaat, wenngleich die Verfassungsentwicklung mehr und mehr zum Sozialstaat hin tendiert, dadurch aber notwendig den Boden des Rechtsstaats zunehmend verläßt. Von einer „noch ungelösten Spannung" und dem „Widerstreit zwischen Rechtsstaat und Sozialstaat" spricht Hans Huber, Die Verfassungsbeschwerde. Vergleichende und kritische Betrachtungen, Karlsruhe 1954, S. 23.

[6]) A. a. O., S. 174.

[7]) Vgl. dazu Ernst Forsthoff, Begriff und Wesen des sozialen Rechtsstaats in VVDStL 12, Berlin 1954, S. 8—36 (34) Leitsätze IV und VI.

§ 4: Kritische Würdigung der wissenschaftlichen Meinungen und der neueren Rechtsprechung zum Gleichheitssatz

I. Der wissenschaftliche Streit um die Auslegung des Gleichheitssatzes

Abgesehen von dem unterschiedlichen Berechtigungssubjekt haben Art. 109 I WRV und Art. 3 I GG den gleichen Wortlaut. Daher kann hier auch auf die Auslegungsversuche aus der Weimarer Zeit zurückgegriffen werden[1]). Außer Betracht bleiben können jedoch die Vertreter der sog. „älteren Lehre"[2]), da sie eine Bindung des Gesetzgebers an den Gleichheitssatz überhaupt ablehnen und seine Inhaltsbestimmung auf ein Gebot zur gleichen Rechtsanwendung beschränken. Im folgenden sollen also die Ansichten verschiedener[3]) Autoren — nach den Ergebnissen ihrer Auslegung systematisch geordnet — dargestellt und gewürdigt werden.

1. Der Gleichheitssatz als Verbot von Ausnahmegesetzen

Markantester Interpret in diesem Sinne ist Carl Schmitt. Er verwahrt sich dagegen, das Recht auf Gleichheit vor dem Gesetz zu einer bloßen Rechtsanwendungsgleichheit herabzumindern; es erscheine als höchst unnatürlich, daß eine im Gegensatz zum anderen zu stellen. Der Grundsatz der Gleichheit vor dem Gesetz habe mindestens die positiv-rechtliche Bedeutung, daß er sog. „Ausnahmegesetze" verbiete, welche weiter nichts enthielten als Einzelbefehle gegen individuell bestimmte Personen oder Personenkreise. Denn Gleichheit setze für die Rechtsanwendung logischerweise eine Mehrheit voraus; wo nur einzelne oder mehrere einzelne getroffen werden sollen, könne man nicht mehr von Gleichheit sprechen[4]). Im systematischen Zusammenhang stehe das Gleichheitsrecht neben dem Freiheitsrecht des einzelnen Individuums und bedeute das Recht auf freie Gleichheit und gleiche Freiheit, d. h. das Verbot jeder Privilegierung. Es umschreibe praktisch den rechtsstaatlichen

---

[1]) Einen Literaturbericht darüber gibt, jedoch ohne eine eigene Theorie zu entwickeln, Fritz Stier-Somlo, Gleichheit vor dem Gesetz, in Die Grundrechte und Grundpflichten der Reichsverfassung, hrsg. v. H. C. Nipperdey, Berlin 1929, Bd. 1, S. 177—201.

[2]) So Thoma, Ungleichheit, S. 457 f. (dazu vgl. S. 13, Note 7) und aus der Weimarer Zeit Gerhard Anschütz, a. a. O., Anm. 1 zu Art. 109 und Hermann Jahrreiß, Die staatsbürgerliche Gleichheit, in HDStR II, S. 624—637 (629).

[3]) Es kann sich dabei nur um eine Auswahl besonders typischer Meinungen handeln. Auch liegt der Schwerpunkt dieser Darstellungen auf dem Problem des Verhältnisses vom Gesetzgeber zum Gleichheitssatz. Sinngemäß gilt das gleiche auch für die „Rechtsanwendung".

[4]) Vgl. Carl Schmitt, Unabhängigkeit der Richter, Gleichheit vor dem Gesetz und Gewährleistung des Privateigentums nach der Weimarer Verfassung, Berlin und Leipzig 1926, S. 22—24.

Gesetzesbegriff, dem die Gleichheit vor dem Gesetz immanent sei[1]). Der richtige Begriff der Gleichheit sei mit dem richtigen Begriff des Gesetzes untrennbar verbunden[2]).

Auf zwei Thesen beruht also die Ansicht von Carl Schmitt: Die eine betrifft das begriffliche Verhältnis von Gleichheit und rechtsstaatlichem Gesetz, die andere folgert daraus das Verbot jeder Individualgesetzgebung.

Die Identifizierung der Gleichheit vor dem Gesetz mit der Generalität des Gesetzes bei Carl Schmitt darf nicht isoliert betrachtet werden; sie wird verständlich auf dem Hintergrund des Systems des liberalen bürgerlichen Rechtsstaates, dessen Darstellung die Verfassungslehre[3]) gewidmet ist. — Die Interpretation von Art. 3 I wird aber zu berücksichtigen haben, daß unser Staatsleben[4]) diesem Typus nicht mehr entspricht. Das hat auch eine Wandlung im Gesetzesbegriff zur Folge. Das „alles beherrschende" Gesetz — der bürgerliche Rechtsstaat kennt seiner Idee nach keinen Souverän: an die Stelle der Herrschaft von Menschen soll die Herrschaft des (generellen) Gesetzes treten — ist dort ein Produkt begriffsrealistischer Rationalität; daher ist seinem Begriff die Gleichheit, die Gerechtigkeit bedeutet[5]), immanent[6]), und darin wurzelte die Autorität seines Gesetzgebers.

Heute dagegen, wo die Gesetze — infolge pluralistischer Tendenzen — vielfach inhaltlich und formal Kompromisse über Zuteilungen sind, hält man nur noch der Form nach an dem Erfordernis der Generalität des Gesetzes fest. So ist auch die Gleichheit vor dem Gesetz von einem (immanenten) Begriffsmerkmal zu einer (von außen) dem Gesetzgeber auferlegten Verpflichtung geworden. Daher kann man sich heute nicht mit dem Hinweis auf den rechtsstaatlichen Gesetzesbegriff begnügen, sondern muß vom Gleichheitssatz ausgehen.

---

[1]) Vgl. Carl Schmitt, in HDStR II, S. 593.

[2]) Ders., Verfassungslehre S. 155f.

[3]) Erschienen im Jahre 1928.

[4]) Ob dies für die Weimarer Zeit noch angenommen werden kann, sei dahingestellt.

[5]) Verfassungslehre, a. a. O., S. 155.

[6]) Klassisch hat dieser Verhalt bei Lorenz v. Stein, Die Lehre von der vollziehenden Gewalt, ihr Recht und ihr Organismus (Verwaltungslehre, I. Teil), Stuttgart 1865, S. 78f., Ausdruck gefunden: „Das Gesetz geht, seinem höheren Wesen nach, stets aus dem Gesamtbewußtsein des Staatslebens hervor und will daher auch stets zwei Ziele erreichen. Es will einerseits das in allen tatsächlichen Verhältnissen Gleichartige erfassen und den Willen des Staates eben für dieses Gleichartige in allem Verschiedenen feststellen. Es muß sich daher stets an das Wesen der Dinge, statt an ihre zufällige und vorübergehende Erscheinung wenden ... Es muß daher andererseits alle seine Objekte einheitlich und gleichartig bestimmen ... Das gesetzliche Recht ist daher seinem organischen Wesen nach ein gleichartiges und einheitliches Ganzes."

Daher kann Carl Schmitt nicht gefolgt werden, wenn er das Verbot von Ausnahmegesetzen aus Art. 109 I WRV[1]) ableitet[2]). Aus der Tatsache, daß Gleichheit logisch nur möglich ist, wenn das Gesetz eine Mehrheit von Fällen treffen kann[3]), darf nicht kategorisch eine Pflicht des Gesetzgebers gefolgert werden, nur solche Gesetze zu erlassen. Für die Rechtsanwendung ergibt sich ein hypothetisches Urteil: Wenn ein Gesetz (wie in aller Regel) mehrere Fälle betrifft, sollen alle Menschen vor ihm gleich sein. Der Rechtssetzung also verbietet der Gleichheitssatz nicht schlechthin, ein sog. Maßnahmegesetz zu erlassen, wohl aber gibt er darüber Auskunft, ob eine bestimmte (erlassene oder geplante) „Maßnahme" seinen Erfordernissen entspricht. Das wird oft der Fall sein[4]). Zu einer weitergehenden Inhaltsbestimmung findet sich bei Carl Schmitt nur die Andeutung[5]), das Gesetz dürfe nicht in unzulässiger Weise differenzieren. Dieser richtige Gedanke ist weiter zu verfolgen.

2. Der Gleichheitssatz als Gebot persönlicher Rechtsgleichheit

Es sei sogleich bemerkt, daß der Begriff „persönliche Gleichheit" hier nicht im Sinne Nelsons[6]), also synonym für Gerechtigkeit als der Forderung des Ausgleichs der kollidierenden Interessen gebraucht wird, sondern demgegenüber stark eingeschränkt ist.

Diese Lehre von der „persönlichen Rechtsgleichheit" hat Nawiasky auf der Staatsrechtslehrertagung 1926 in Münster vorgetragen[7]). Er unterscheidet von der sachlichen die persönliche Rechtsgleichheit im Sinne des Ausschlusses irgendeiner Gruppenbildung. Und er findet bei der Durchsicht der Reichsverfassung, daß von der sachlichen Rechtsgleichheit so gut wie keine Rede sei. Andererseits durchziehe das Verfassungswerk wie ein roter Faden der Gedanke, daß die Zugehörigkeit zu einem Stand, Geschlecht, Bekenntnis usw. von dem Gesetzgeber grundsätzlich nicht zum Ausgangspunkt einer Differenzierung gemacht werden dürfe. Dieser Grundsatz sei im Gleichheitssatz ausgesprochen: es dürfe kein Gesetz erlassen werden, das in absehbarer Zeit eine Unterscheidung der einzelnen nach ihrer Zugehörigkeit zu bestimmten sozialen

---

[1]) Ob und inwieweit Ausnahme-, Individual- oder Maßnahme-Gesetze aus anderen Gründen unzulässig sind, sei hier dahingestellt. Zu dieser Frage hat sich (m. E. zutreffend) geäußert Ernst Forsthoff, Maßnahme-Gesetze, S. 221—236.

[2]) Siehe auch bei Rümelin, a. a. O., S. 65—67.

[3]) Carl Schmitt, Verfassungslehre, a. a. O., S. 155.

[4]) Vgl. dazu Eugen Curti, a. a. O., S. 92.

[5]) Vgl. Carl Schmitt, Unabhängigkeit, a. a. O., S. 24.

[6]) Leonard Nelson, System der philosophischen Rechtslehre, Leipzig 1920, S. 80—83.

[7]) Nawiasky, „Gleichheit", S. 25f., insbesondere S. 36ff. Ernst v. Hippel in AöR NF 10 (1926) S. 124—152 (143—145); im Ergebnis ähnlich, freilich ohne ausreichende Begründung und begrifflich recht unscharf Rümelin, a. a. O., S. 59—64. Aus neuerer Zeit ist hier Jerusalem, a. a. O., in NJW 1952, S. 47 zu nennen, der allerdings mit Recht den Geltungsbereich des Gleichheitssatzes nicht auf das Verhältnis der Länder zueinander innerhalb des Bundesstaates erstrecken will.

Gruppen bewirke. Was dabei als soziale Gruppe anzusehen sei, bestimme sich nach den maßgeblichen gesellschaftlichen Anschauungen. Der von dem Beurteiler anzuwendende Maßstab sei blendend einfach: die absolute Gleichheit. Jede wie auch immer geartete Unterscheidung sei unzulässig[1]). Nawiasky kommt zu dem Ergebnis, es sei abwegig, den Gleichheitssatz im Sinne einer sachlichen Rechtsgleichheit umzudeuten.

Abgesehen davon, daß der Rekurs auf die maßgeblichen gesellschaftlichen Anschauungen eine klare Bestimmung des Begriffes der „sozialen Gruppe" keineswegs ersetzen kann, ist die Kritik an zwei Punkten anzusetzen: 1. an dem Beurteilungsmaßstab der „absoluten" (mechanischen) Gleichheit, 2. an der Unterscheidung zwischen persönlicher und sachlicher Rechtsgleichheit.

Eine Bindung der Träger öffentlicher Gewalt im Sinne einer mechanischen Gleichheit führt zu den größten Ungerechtigkeiten. Mechanisch gleich bedeutet ja: ohne jeden Unterschied; dieser Begriff erleidet keine Einschränkungen durch in der „Natur der Sache" gelegene Unterschiede. Mann und Frau, Christen und Juden sind in jeder Hinsicht gleich zu behandeln[2]). Die unmöglichen Konsequenzen sind offenbar. Eine solche Bindung des Gesetzgebers kann nicht gewollt sein[3]). Mechanische Gleichheit kann niemals materiales Prinzip für den primär dem Gemeinwohl (nicht einzelnen Bürgern) verpflichteten Gesetzgeber sein, sondern nur formales für die Normenvollziehung, und bedeutet dann nichts anderes als der alte Grundsatz in Rechtsprechung und Verwaltung: die Gesetze sind ohne Ansehen der Person anzuwenden.

Die Sonderung zwischen persönlicher und sachlicher Gleichheit läßt sich zudem nicht konsequent durchführen. Jeder rechtlich geregelte Tatbestand besitzt eine Beziehung zu einem Rechtssubjekt; daher liegt in der Differenzierung von Tatbeständen gleichzeitig eine Differenzierung von Individuen unter einem bestimmten Gesichtspunkt. Sachliches und Persönliches lassen sich voneinander nicht immer trennen[4]). Bei den unmittelbar persönlichen Merkmalen wie Religion, Stand, Geschlecht ist eine Scheidung vielleicht noch möglich; bei den entfernteren wie Beruf, Herkunft, Heimat usw. ergeben sich große Abgrenzungsschwierigkeiten zwischen persönlichen und sachlichen Eigenschaften. Anerkennt man für diese Fälle die persönliche Rechtsgleichheit, so wird — vielleicht ungewollt — ein Teil der sachlichen mitbejaht[5]). Der Begriff der persön-

---

[1]) Nawiasky, Gleichheit, S. 36—42.

[2]) Jüdische Kinder müßten danach z. B. samstags am Schulunterricht teilnehmen wie andere, männliche Angestellte hätten in gleichem Umfang Anspruch auf den sog. „Haushaltungstag" wie die weiblichen und dgl. mehr.

[3]) Vgl. Mainzer, a. a. O., S. 28.

[4]) Vgl. Triepel, Diskussionsbeitrag in VVDStL 3, S. 51.

[5]) Vgl. Fritz Stier-Somlo, a. a. O., S. 193; Gerhard Leibholz, Die Gleichheit vor dem Gesetz. Ein Nachwort zur Auslegung des Art. 109 I WRV in AöR NF 12

lichen Rechtsgleichheit bildet nur einen Ausschnitt aus dem der sachlichen; beide nähern sich einander an, je mehr man auch die peripheren Verhältnisse der Person berücksichtigt[1]). Der Unterschied verschwindet schließlich ganz, wenn ein Gesetz oder Verwaltungsakt einfach alle persönlichen Merkmale anstatt nach dem Umfang inhaltlich bestimmt[2]). Damit entscheidet über die Zulässigkeit von Differenzierungen allein die Formulierung[3]).

Schon von daher, vor allem aber wegen des unrichtigen mechanischen Maßstabes, vermag diese Inhaltsbestimmung nicht zu überzeugen. Es sind daher die Autoren zu betrachten, die dem Gleichheitssatz eine Forderung nach sachlicher Rechtsgleichheit, also das an die Träger öffentlicher Gewalt gerichtete Gebot entnehmen, gleiche Tatbestände gleich und ungleiche ungleich zu behandeln. Von zahlreichen Übergängen abgesehen, lassen sich drei Hauptrichtungen unterscheiden, einmal die heute als herrschend zu bezeichnende Lehre von Leibholz, die den Gleichheitssatz als Willkürverbot versteht, zum anderen die Interpretation von Kaufmann, die darin eine Gerechtigkeitsbindung der öffentlichen Gewalt sieht, und schließlich die Inhaltsbestimmungen von Aldag und Triepel, die sich am meisten um objektive Kriterien für die Feststellung von Gleichheit oder Ungleichheit bemühen.

3. Der Gleichheitssatz als Willkürverbot

Diese im Kern in der Schweiz entstandene Lehre[4]) wurde von Gerhard Leibholz bei der Auslegung des Art. 109 I WRV angewandt und weiter ausgebaut[5]). Auch für die Interpretation von Art. 3 GG hat sich Leibholz vor einigen Jahren darauf bezogen[6]), und ihm sind etliche Staatsrechtslehrer — von verschiedensten Ausgangspositionen herkommend — wie auch vor allem die Gerichte mehr oder weniger weit gefolgt[7]). Das

---

(1927), S.1—36 (17), der die sachliche Rechtsgleichheit als Oberbegriff zur persönlichen bezeichnet und in der Verletzung jener eine Voraussetzung für die Beeinträchtigung dieser sieht.

[1]) Vgl. Mainzer, a. a. O., S. 30, Anm. 2 wie auch Leibholz in AöR NF 12 (1927), S. 13.

[2]) Vgl. Karl Friedrichs, a. a. O., S. 425.

[3]) Um z. B. Ostvertriebene zu benachteiligen, würde man formulieren: Bei der Wohnraumverteilung wird bevorzugt, wer vor 1945 im Gebiete des jetzigen Landes Nordrhein-Westfalen ansässig war. Vgl. dazu auch Kaufmann, a. a. O., S. 9.

[4]) Vgl. Curti, a. a. O., S. 93, Meyer, a. a. O., S. 68, Walter Burckhardt, Kommentar der schweizerischen Bundesverfassung v. 29. 5. 1874, 3. Aufl.,Bern1931, Anm. 4 II 1 B a zu Art. 4 (S. 31); vgl. dazu die Vorauflagen.

[5]) Gerhard Leibholz, Gleichheit 1925, passim.

[6]) Gerhard Leibholz, Die Gleichheit vor dem Gesetz und das Bonner Grundgesetz, in DVBl. 1951, S. 193—200, (zit.: Gleichheit 1951).

[7]) So Hermann v. Mangoldt, Kommentar, Anm. 2 zu Art. 3; weiter — allerdings unter Gleichsetzung von Gerechtigkeitsgebot und Willkürverbot — v. Mangoldt-Klein, a. a. O., Anm. II 4a zu Art.3 und Maunz, a. a. O., S. 99; kritisch Ipsen, a. a. O., S. 137, 166 (vgl. dazu ebenda S. 185f).

mag seinen Grund in der Elastizität dieser Lehre haben, deren im Grunde rein formaler Charakter die vielfältigsten inhaltlichen Bestimmungen zuläßt[1]).

Leibholz sagt, mit dem Gleichheitssatz könne weder bloße Anwendungsgleichheit noch eine mechanische, sondern nur eine verhältnismäßige Gleichheit gemeint sein. Die Menschen, die wesentlich gleichwertig seien, hätten einen Anspruch auf gleichmäßige — aber nicht schematische — Behandlung durch den Gesetzgeber in persönlicher und sachlicher Hinsicht[2]). Ausgehend von dem aristotelischen Begriff der relativen Gleichheit, der im Verhältnis der Gemeinschaft zum einzelnen allein der Gerechtigkeit entspricht, beschränkt Leibholz den Inhalt der Gleichheitsforderung des Art. 109 WRV dann aber auf das Verbot der — nicht subjektiv verstandenen — Willkür[3]) und definiert die Gleichheit vor dem Gesetz als die nach dem jeweiligen Rechtsbewußtsein nicht willkürliche Handhabung des an die Adresse von Rechtssubjekten gerichteten Rechts durch den Gesetzgeber und die Vollziehung (Justiz und Verwaltung)[4]). Leibholz unterscheidet zwischen einer (weiteren) Mißachtung der relativen Gleichheit und der (engeren) Verletzung des Gleichheitssatzes durch einen Willkürakt. Ein unrichtiges (d. h. ungleich behandelndes) Gesetz sei nicht ohne weiteres willkürlich, sondern nur dann, wenn überhaupt kein oder ein völlig unzulänglicher innerer Zusammenhang bestehe zwischen der getroffenen Bestimmung und dem durch dieselbe erstrebten Zweck (!)[5]), oder wenn sich keinerlei vernünftiger Grund für die Regelung finden läßt; was in einer bestimmten historischen Situation als willkürlich anzusprechen sei, könne nicht allgemeingültig festgelegt werden[6]).

Zwischen Ungerechtigkeit und Willkür besteht also ein quantitativer Unterschied. Das wird deutlich aus Formulierungen wie: offenbar unrichtig, völlig zweckwidrig, absolut ungeeignet[7]).

Leibholz sucht die Unterscheidung aus Zweckmäßigkeitsgesichtspunkten zu rechtfertigen[8]). Durch diese Beschränkung der Gleichheits-

---

[1]) Mit Recht spricht Ipsen, a. a. O., S. 137, insoweit von einer Verhärtung und Simplifizierung der Argumentation und von der „blendenden" Gleichsetzung von Gleichheit und Willkürverbot.

[2]) Vgl. Gleichheit 1925, S. 45.

[3]) Das Schuldmoment spielt hier also keine Rolle.

[4]) Vgl. Gleichheit 1925, S. 87.

[5]) Vgl. Leibholz, Gleichheit, 1925, S. 76; Hervorhebung vom Verfasser. Was aber, wenn eine Diskriminierung bezweckt wird? — „Das Korrelatverhältnis der Motivation mit der Zielsetzung begründet es, daß der Willkürbegriff in gleicher Weise auf sachfremden Zweck wie auf sachfremde Motivation bezogen werden kann. Das Motiv wird aber nur dann als unrichtig bezeichnet werden können, wenn das gleiche auch vom Zweck gilt und umgekehrt." So Eduard Westphalen Fürstenberg, Gleichheitsprinzip als Grundrecht, in ZöR Bd. 15 (1935), S. 34—93 (68).

[6]) Leibholz, Gleichheit 1951, S. 196.

[7]) Leibholz, Gleichheit 1925, S. 82.

[8]) Leibholz, Gleichheit 1925, S. 77f.

forderung auf das Willkürverbot glaubt er der Gefahr einer Rechtsunsicherheit und der potentiellen Überordnung der richterlichen Gewalt über Legislative und Exekutive zu begegnen[1]).

Wird man diesem Ziel zustimmen können, so unterliegt der von Leibholz beschrittene Weg in mehrfacher Hinsicht stärksten Bedenken und bewirkt zudem das Gegenteil.

Einmal verläßt Leibholz mit dieser „willkürlichen" und von außen kommenden Einschränkung den Boden der Exegese. Die oben[2]) erläuterte Unterscheidung zwischen Funktions- und Kontrollnorm hätte hier ohne eine künstliche Entleerung des Gleichheitsbegriffs zum Ziel geführt. Sodann ist die eingeführte Unterscheidung zwischen Ungerechtigkeit und Willkür mangels eines qualitativen Kriteriums fließend und verursacht gerade Rechtsunsicherheit. Wo liegt die Grenze zwischen unrichtig und offenbar unrichtig, ungeeignet und absolut ungeeignet usw., welches ist das unterscheidende Kriterium? Gemessen an der Gerechtigkeit gibt es nur Recht oder Unrecht, weder halbes Unrecht noch doppeltes.

Die Ansicht Leibholz' wird verständlich von dessen erkenntnistheoretischen Voraussetzungen[3]) her, die der Verfasser, der auf dem Boden des erkenntnistheoretischen Realismus steht, nicht zu teilen vermag.

So ist für Leibholz — insofern durchaus repräsentativ für unsere Zeit — der Inhalt der Gerechtigkeit nicht faßbar, eine rationale Formulierung wie in allen letzten Fragen nicht möglich[4]).

Dem kann nicht zugestimmt werden. Leibholz führt die Analyse des Gerechtigkeitsbegriffs nicht zu Ende; dann kann allerdings „jede Fassung mehr verwirren als klären"[5]). „Kennt man die bedingenden Merkmale eines Gegenstandes, so ist auch deren rationale Formulierung möglich"[6]), wenn anders man wissenschaftliches Bemühen überhaupt einstellen muß. Was Leibholz erkenntnistheoretisch als „Rechtsidealismus" bezeichnet[7]), ist in Wahrheit ethischer Positivismus auf der Grundlage eines

---

[1]) Leibholz, Gleichheit 1925, S. 78.

[2]) Vgl. oben S. 10f.

[3]) Nach Leibholz erfordert die heutige Krisis zwangsläufig die revolutionäre Umschichtung unseres Rechtsdenkens durch die Wendung zum Rechtsidealismus, weil nur durch die Gewinnung der substantiellen Wesenheiten und Werte die Einheit des Rechtssystems errungen werden kann. Das geschieht mittels einer „an transpersonalen objektiven Wertgebilden orientierten Rechtsbetrachtung"; die grundlegenden theoretischen Erkenntnisse würden nicht rationalistisch, sondern phänomenologisch durch unmittelbare intuitive Anschauung zur Evidenz erwiesen. Vgl. Leibholz in AöR, a. a. O., S. 3.

[4]) Leibholz, Gleichheit 1925, S. 57.

[5]) Ebenda.

[6]) Willy Wegner, Besprechung zu „Leibholz, Die Gleichheit vor dem Gesetz", in: Zeitschr. f. Rechtsphilosophie in Lehre u. Praxis, 4. Bd. (1929), S. 146—160 (156).

[7]) Vgl. AöR, NF Bd. 12 (1927), S. 3.

philosophischen Relativismus, der allerdings den Zugang zu einer rationalen Metaphysik versperrt.

Aber auch immanent kann Leibholz nicht gefolgt werden: Den angeblichen Subjektivismus einer Gerechtigkeitsbindung ersetzt er durch den anderen Subjektivismus des Willkürverbotes. Was in einer bestimmten historischen Situation als willkürlich anzusprechen ist, kann nach Leibholz ja nicht allgemein festgelegt werden[1]). Der Willkürbegriff lebe im Raum des geschichtlich Wandelbaren[2]), er selbst sei materiell eindeutig nicht bestimmbar und formal durch ein Kriterium nicht abzugrenzen[3]).

Der Willkürbegriff werde — wie der der Gerechtigkeit — von unserem Rechtsbewußtsein getragen. Es könne heute ein Akt als willkürlich bezeichnet werden, der es gestern noch nicht war, und der es vielleicht morgen . . . nicht mehr sein wird[4]).

Die allgemeine Rechtsüberzeugung gibt zwar in der Regel wertvolle Anhaltspunkte für die Erkenntnis normativer Begriffe; aber sie kann auch irren[5]); niemals kann sie letzter Erkenntnisgrund sein, liefert sie als solche Kriterien für eine wahre[6]) Begiffsbildung[7]). Evident, also unmittelbarer Wesensschau zugänglich, wird die Willkür m. E. erst, wo die obersten Prinzipien der Gerechtigkeit verletzt werden.

Allerdings ist zuzugeben, daß aus der Sicht von Leibholz der Willkürbegriff leichter „anzuwenden" ist als der der Gerechtigkeit. Es wird schwerlich ein Gesetz geben, für das sich aber auch nicht ein sachliches Motiv finden läßt. Mit einem derart unbestimmten Begriff ist aber der Inhalt des Gleichheitssatzes nicht eingefangen. Der von Leibholz entwickelte Willkürbegriff, nur von relativer Geltung und seinem Inhalt nach wandelbar[8]), enthält keinen objektiven Maßstab für die Feststellung

---

[1]) Vgl. Leibholz, Gleichheit 1951, S. 196.

[2]) Leibholz, Gleichheit 1951, S. 196.

[3]) Leibholz, Gleichheit 1925, S. 87.

[4]) Leibholz, ebenda, S. 73.

[5]) Das namentlich bei den heutigen Mitteln zur öffentlichen Meinungsbildung.

[6]) Infolge seiner relativistischen Grundauffassung unterscheidet Leibholz nicht zwischen logisch richtiger und inhaltlich wahrer Begriffsbildung. So zutreffend bei Hans J. Wolff, Begriff und Kriterium der Wahrheit, in Gegenwartsprobleme des internationalen Rechts und der Rechtsphilosophie, Festschrift für Rudolf Laun, Hamburg 1953, S. 587—605 (592).

[7]) Es sei in diesem Zusammenhang an Auslegungsversuche des Gleichheitsgrundsatzes in der nationalsozialistischen Zeit erinnert, die durchaus einer damals vorherrschenden Überzeugung, aber keineswegs der Gerechtigkeit entsprachen. Auch in der Rechtswissenschaft sind derartige Auslegungen vertreten worden. Vgl. dazu Arno Lungwitz, Die Bedeutung des Grundsatzes der Gleichheit im liberalen und neuen Staatsrecht, Marburger Diss. 1937; Ulrich Wegener, Der Grundsatz der Gleichheit im Weimarer Staat und seine Wandlung im nationalsozialistischen Reich, Münchener Diss. 1940, und vor allem Ulrich Scheuner, Der Gleichheitsgedanke in der völkischen Verfassungsordnung, in ZgesStaatswiss. 99. Bd. (1939) S. 245—276, insbes. S. 267 unten, 269 unten, 273 letzter Abs., 276 oben u. 277.

[8]) Vgl. Leibholz 1925, S. 29.

der Gleichheit bzw. Ungleichheit[1]). Es kann Leibholz der Vorwurf nicht erspart bleiben, durch den Verweis auf das allgemeine Rechtsbewußtsein den letzten Schritt bei der Inhaltsbestimmung des Gleichheitssatzes ausgespart zu haben.

Mit Recht sagt Ipsen: „Wenn der Gleichheitssatz nicht präziser als durch Willkürverbot ... umschrieben werden kann, muß er jedenfalls jenseits alleräußerster ... Grenzfälle versagen ... Ein bloßes Beharren auf der Identifizierung von Gleichheit mit Gerechtigkeit und Willkürverbot muß mit Zwangsläufigkeit auf Subjektivismus hinauslaufen und den Verzicht auf berechenbare Justitiabilität bedeuten"[2]). Daher kann dem Interpretationsvorschlag von Leibholz nicht gefolgt werden.

4. Der Gleichheitssatz als Gerechtigkeitsgebot

Gleichfalls zu einem Subjektivismus führt die Interpretation von Erich Kaufmann[3]), obwohl er im Gleichheitssatz ein allgemeines Gerechtigkeitsgebot sieht. Er geht aus von durchaus richtigen Formulierungen der Schweizer Judikatur und Lehre zur Auslegung des Art. 4 der Schweizer Verfassung, der Gleichheitssatz verbiete ungerechtfertigte Unterscheidungen und Nichtunterscheidungen; die Verschiedenheiten müßten sachlich begründet sein, d. h. auf vernünftigen Erwägungen in der Natur der Sache beruhen und dem inneren Zweck der Ordnung der betreffenden Lebensverhältnisse gerecht werden. Weiter fordert Kaufmann, die Unterscheidungen in Tatbestand und Rechtsfolgen müßten „vor höheren Gesichtspunkten des natürlichen Rechts bestehen können ... letztlich also gerecht sein"[4]).

Den Inhalt der Gerechtigkeit sucht Kaufmann objektiv zu bestimmen; er verankert den Gerechtigkeitsbegriff — auf Aristoteles und das christliche Naturrecht zurückgehend — in einem dem Menschen vorgegebenen objektiven Wertgefüge. Aber er verneint dessen rational-diskursive Erkennbarkeit. Nur gute und gerechte Persönlichkeiten könnten den Inhalt der Gerechtigkeit intuitiv erahnen oder im Gewissen erfahren. Die Gerechtigkeit sei nicht mechanische Anwendung starrer abstrakter Normen[5]); sie lasse sich nicht in abstrakte, allgemeine und sachliche Normen auflösen[6]). Wiewohl Kaufmann eine Gerechtigkeitsbindung des Gesetzgebers fordert, überläßt er dann das jeweils anzuwendende Prinzip einer freien Wahl des Gesetzgebers. Es sei seine schöpferische Aufgabe, unter den verschiedenen möglichen Gerechtigkeitsprinzipien das jeweils passende auszuwählen und dann anzuwenden;

---

[1]) Vgl. Jerusalem, a..a. O., S. 47.
[2]) Ipsen, a. a. O., S. 166.
[3]) Erich Kaufmann, a. a. O., S. 2—23.
[4]) Vgl. ebenda S. 10.
[5]) Vgl. ebenda S. 12.
[6]) Vgl. ebenda S. 16.

der Richter sei an die Wahl des Gerechtigkeitsprinzips durch den Gesetzgeber gebunden[1]).

Kaufmann kommt das Verdienst zu, die Frage nach dem Inhalt des Gleichheitssatzes von der anderen: quis judicabit? getrennt zu haben. Daher braucht er, dem Sinn des Gleichheitssatzes entsprechend, die Gleichheitsbindung nicht „von außen her" einzuschränken. Bezüglich der Rechtsprinzipien und des Rekurses auf die Gerechtigkeitsidee sind aber zwei Bedenken anzumelden.

Nach Kaufmann läßt sich das Gerechtigkeitsprinzip im Einzelfall schöpferisch bestimmen. Es liegt aber im Wesen der betreffenden Rechtsbeziehungen selbst begründet, ob die justitia commutativa, distributiva oder vindicativa in Frage kommt. Von der auf das Gemeinwohl verpflichtenden justitia legalis oder generalis als Gerechtigkeitsprinzip spricht Kaufmann überhaupt nicht, obwohl gerade sie in diesem Zusammenhang zu berücksichtigen wäre[2]).

Der Verweis auf die Gerechtigkeitsidee ist in der von Kaufmann vorgetragenen Weise für die Anwendung des Gleichheitssatzes nicht verwertbar. Der Jurisprudenz als praktischer Wissenschaft muß es darum gehen, rational erfaßbare Prinzipien herauszustellen, die einer eindeutigen Konkretisierung bzw. Anwendung fähig sind. Für diese Prinzipien kann aber das Gewissen Einzelner nicht Erkenntnisquelle sein; sie müssen allgemein erkennbar, nicht nur für qualifizierte Persönlichkeiten zu erahnen sein. Denn das Recht ist eine Ordnung der Lebensverhältnisse. Diese Ordnung wird den Dingen nicht „aufgestülpt", sondern folgt aus ihrem Wesen. Da das Wesen der Dinge dem menschlichen Geist aber in der Abstraktion erkennbar ist[3]), läßt sich auch aus der Gerechtigkeit als dem Prinzip des Rechtes rational ableiten, was hic et nunc (sei es in einem konkreten Fall, sei es bei der Schaffung eines generellen gesetzlichen Tatbestandes) objektiv höherwertig und also gerecht ist.

Das ist allerdings oft sehr schwierig und übersteigt die Möglichkeiten eines Richters; vielfach werden unter dem Gesichtspunkt der Gerechtigkeit mehrere Wege gangbar sein. Daher versteht sich von selbst, daß aus der rationalen Erkennbarkeit der Gerechtigkeit niemals die Überflüssigkeit sehr weitgehender positiver Normierung gefolgert werden darf. Gerade die legale Gerechtigkeit gibt dem Gesetzgeber insoweit eine weitreichende Dezisionsbefugnis.

So sehr die Ausführungen Kaufmanns auch als persönliches Bekenntnis zu achten sind, kommt ihnen für eine Inhaltsbestimmung des Gleichheitssatzes nur in den aufgezeigten Grenzen Bedeutung zu.

---

[1]) Vgl. ebenda S. 21.

[2]) Letzteres freilich nur nach thomistischer Philosophie; vgl. unten S. 72, Note 1.

[3]) So die Auffassung des erkenntnistheoretischen Realismus; vgl. auch bei M. E. Schmitt, Recht und Vernunft, Heidelberg 1955, insbes. S. 104—108.

5. Der Gleichheitssatz als Verbot unsachgemäßer Differenzierung

Unter dieser Überschrift lassen sich die Ansichten von Heinrich Aldag und Heinrich Triepel zusammenfassen.

Ersterer ist abgesehen von den ausführlichen historischen und rechtsvergleichenden Überlegungen nur untergeordnete Bedeutung beizulegen, weil sie sich in entscheidenden Punkten an die Gedankengänge Triepels anschließt. Doch verdient die ausdrückliche Abkehr Aldags vom Willkürverbot und das Bemühen um objektiv faßbare Kriterien zur Feststellung von Gleichheit oder Ungleichheit Beachtung. Der Begriff der Willkür sei nicht geeignet, der Praxis zu dienen, weil man zunächst „unwillkürlich" dabei auch an ein Verschuldensmoment denke; eliminiere man dieses[1]), sei auch die Beibehaltung des Willkürbegriffes nicht mehr zu empfehlen[2]).

Das ist richtig. Denn begreift man wie Aldag Willkür nicht als quantitativ vergröberte Ungleichheit, sondern im Sinne von Rudolph von Ihering als Widerspruch zu den allgemeinen Prinzipien des Rechts[3]), so steht der Ausdruck für Ungerechtigkeit und verhält sich zur Ungleichheit wie das Ganze zum Teil. Art. 3 GG hat nicht den Zweck, schlechthin die Gerechtigkeit zu verwirklichen, sondern nur das Gleichheitsgebot als Teilinhalt der allgemeinen Gerechtigkeitsidee zu sichern"[4]).

So übernimmt Aldag den vom Schweizerischen Bundesgericht aufgestellten Grundsatz: „Um eine verschiedene rechtliche Behandlung der Bürger zu rechtfertigen, bedarf es eines Unterschiedes in solchen tatsächlichen Verhältnissen, die nach anerkannten Grundsätzen der Rechts- und Staatsordnung für die betreffende Frage wesentlich sind"[5]).

Damit ist freilich das Problem nicht gelöst, sondern gestellt; immerhin wird hier das Bemühen um objektive Maßstäbe sichtbar. Man wird Aldag nicht darin folgen, daß er die Entscheidung über die Beachtlichkeit tatsächlicher Besonderheiten allein[6]) den nach Zeit und Ort wandelbaren Anschauungen der Gesellschaft entnehmen will[7]).

*

Die zutreffendsten Gedanken über den Inhalt des Gleichheitssatzes finden sich m. E. bei Triepel[8]). Er sieht — ohne das ausdrücklich zu

1) Es kann bezweifelt werden, ob man bei diesem Begriff überhaupt davon abstrahieren kann; es scheint nicht recht vorstellbar, wie ein Organwalter schuldlos etwas so Dummes tun kann, daß es i. S. von Leibholz willkürlich ist, es sei denn, man zweifelt an dessen Zurechnungsfähigkeit.

2) Aldag, a. a. O., S. 32.

3) R. v. Ihering, Der Zweck im Recht, 1. Bd., 3. Aufl., Leipzig 1893, S. 364.

4) Vgl. unten S. 70f. und auch Westermann, a. a. O., S. 25; Paulick, a. a. O., S. 126 u. 162.

5) Vgl. die Entscheidung im Bd. 6, S. 172, zit. nach Aldag, a. a. O., S. 41.

6) So Aldag, a. a. O., S. 42; wo Aldag — m. E. in Widerspruch hierzu — darüber hinausgeht (S. 49), folgt er Triepel. Vgl. dazu unten Note 8.

7) Vgl. darüber oben S. 50.

8) Heinrich Triepel, a. a. O. — Das gilt, obwohl Triepel auch Formulierungen bringt, die isoliert betrachtet denen von Leibholz sehr nahe kommen.

sagen — den Doppelcharakter des Gleichheitssatzes als „Formulierung des dem demokratischen Charakter der Verfassung entsprechenden Gleichheitsideals“ . . . und „als Verbot differenzieller Behandlung von gleichen Tatbeständen“[1]). Gleichheit i. S. des Art. 109 WRV bedeutet für Triepel nur die verhältnismäßige Gleichheit, also die gleiche Behandlung von Tatbeständen, die in bestimmtem Zusammenhang gleich behandelt zu werden verdienen[2]). Welche aber sind das? „Die Antwort ist z. T. zu entnehmen aus den bedingten Inhalten des positiven Rechts und den nach Zeit und Ort wandelbaren Anschauungen der Gesellschaft“, . . . sie „ergibt sich aber weiter und letztlich wieder aus immanenten Prinzipien der Rechtsordnung selbst . . . Die Differenzierung in der Rechtsfolge muß in einem vernünftigen und gerechten Verhältnis zur Klassifizierung im Tatbestand stehen“[3]).

Triepel trifft im Kern das Richtige. Er vermeidet einmal jeden Subjektivismus: das Recht ist für ihn eine Ordnung des Gemeinlebens nach objektiven Gesichtspunkten; die sozialen Beziehungen sollen nach dem (erkennbaren) Begriff des Rechts geordnet sein. Sodann zeigt er den richtigen Weg zur Gewinnung eines wahren Kriteriums für die Gleich- oder Ungleichbehandlung auf: entsprechend dem Doppelcharakter des Gleichheitssatzes berücksichtigt er das historisch Wandelbare und das grundsätzlich Absolute in der rechten Zuordnung. So verstanden, ist der Rekurs auf die Anschauung der Gesellschaft möglich und notwendig[4]), denn die — richtig begriffene — Gerechtigkeit läßt dem Gesetzgeber weitgehende Entscheidungsfreiheit, die er gemäß den historischen Bedingtheiten gebrauchen soll; sie steckt ihm aber andererseits einen — wenn auch weiten, so doch — unüberschreitbaren Rahmen und bildet das notwendige Korrektiv für irregeleitete Volksanschauungen.

Selbstverständlich sind die von Triepel im Rahmen eines Rechtsgutachtens (!) entwickelten Grundsätze noch zu entfalten, um die Aufgabe des Richters bei der „Anwendung“ des Gleichheitssatzes zu beschreiben.

6. Einige neuere vermittelnde Ansichten

Obwohl die Grundrechte nach dem zweiten Weltkrieg verständlicherweise in der rechtswissenschaftlichen Literatur starke Beachtung fanden und finden, ist zum Gleichheitssatz gegenüber der Weimarer Zeit Neues kaum gesagt worden. Die Autoren neigen jeweils einer der angeführten Meinungen besonders zu oder vertreten (meist) vermittelnde Ansichten. Drei Äußerungen aus den letzten Jahren sollen kurz erwähnt und gewürdigt werden, und zwar von Apelt, Ipsen und v. Mangoldt-Klein.

---

[1]) Vgl. ebenda S. 26.

[2]) Vgl. ebenda S. 29.

[3]) Vgl. ebenda S. 30.

[4]) So verstanden ist auch der Satz richtig, daß man den Gleichheitssatz vollständig nur vom Boden einer bestimmten Rechtsordnung erfassen kann.

Apelt[1]) sucht zwischen der sog. älteren und der neueren Lehre zu vermitteln. Eine Bindung des Gesetzgebers an Art. 3 I erkennt er an. Diese erstrecke sich jedoch nur darauf, daß der Gesetzgeber bei der Regelung der Tatbestände, die immer nur ähnlich, niemals aber gleich sein könnten, die gegenseitigen öffentlichen und individuellen Interessen in möglichst gerechter Weise abwäge. Was aber im konkreten Falle gerechte Abwägung sei, bestimme sich wesentlich auch nach den politischen Grundhaltungen. Abgesehen von den eindeutigen Weisungen des Art. 3 III GG müsse der Gesetzgeber den Spielraum behalten, auch noch so ähnliche (!) Tatbestände aus sachlichen Erwägungen unter Berücksichtigung des Gemeinwohls verschieden zu regeln[2]). Die Vorstellung, daß der Staatsbürger vor der Willkür des Gesetzgebers geschützt werden müsse, sei unrichtig[3]).

Sicher hat der Gesetzgeber sehr weitreichende Gestaltungsfreiheit. Aber Apelt übersieht, daß diese gerade durch den Gleichheitssatz begrenzt werden soll, dessen Inhalt allerdings nicht mit dem Gerechtigkeitsgebot (Interessenausgleich und Berücksichtigung des Gemeinwohls) identifiziert werden darf. Andererseits ist die Relativierung der Gerechtigkeit in bezug auf die politische Grundhaltung ebenso unrichtig wie gefährlich.

*

Mehr Bedeutung kommt dem vom Standpunkt des Rechtspositivisten aus verfaßten Artikel von Ipsen über die Gleichheit zu[4]), zu dem schon an verschiedenen Punkten kritisch Stellung bezogen wurde. Der Schlüssel zum Verständnis dieser nicht leicht eingängigen Gedanken und gleichzeitig der Angelpunkt für die Kritik liegt darin, daß Ipsen nicht aus seiner Sicht heraus eine Inhaltsbestimmung von Art. 3 I gibt, sondern die von Literatur und vor allem der Rechtsprechung in zunehmendem Maße vertretene Identifizierung von Gleichheit mit Willkürverbot und Gerechtigkeitsgebot hinnimmt und zur stillen Voraussetzung seiner Erörterungen macht[5]). Man wird bei deren Lektüre zunächst den gegenteiligen Eindruck haben, als wolle Ipsen gerade diese Auslegung bekämpfen. In Wahrheit wendet sich Ipsen nicht (von innen) gegen diese Inhaltsbestimmung, sondern sucht (von außen) die Anwendung des so verstandenen Gleichheitssatzes zu beschränken[6]).

---

[1]) Willibalt Apelt, Die Gleichheit vor dem Gesetz nach Art. 3 I GG, in JZ 1951, S. 353—359.

[2]) Vgl. ebenda S. 357. [3]) Vgl. ebenda S. 358.

[4]) Ipsens komplizierte Gedankenführung entzieht sich einer gedrängten Wiedergabe.

[5]) Das ergibt sich eindeutig aus einer Formulierung auf S. 56: „Eine auf Art. 3 I gestützte Gleichheitsprüfung, die nach den insoweit durchaus zutreffenden Erkenntnissen der hier kritisierten Auffassung eben nur eine Willkürprüfung zu sein vermöchte, . . .“ wie auch auf S. 157, in Übereinstimmung aller (?) könne Gleichheit für den Gesetzgeber im allgemeinen (?) nur als Gerechtigkeitsgebot und Willkürverbot verstanden werden.

[6]) Dies trotz der anscheinend entgegenstehenden Äußerung Ipsens auf S. 166,

Von daher wird verständlich, daß Ipsen in der Bindung des Gesetzgebers an „diesen" Gleichheitssatz eine gefährliche Überhöhung der richterlichen Gewalt gegenüber der gesetzgebenden sieht[1]), und eine „nivellierende Außerachtlassung der Unterscheidungsgebote und -verbote nach den Merkmalen des Art. 3 III GG" befürchtet[2]).

So erklärt sich auch die „Umgrenzung von Inhalt und Tragweite des Gleichheitssatzes" aus den „verfassungssystematischen Zusammenhängen" bei Ipsen[3]). Dabei wird sichtbar, wie Ipsen den Gleichheitssatz inhaltlich beschränkt, ja sogar eines selbständigen Inhaltes beraubt, damit eine nach seiner Ansicht justitiable richterliche Kontrolle statthaben kann[4]). Art. 3 I GG kann nach Ipsen durch den Gesetzgeber nur verletzt werden, wenn ein Gesetz zugleich einer der „verfassungsrechtlichen Grundentscheidungen über das demokratische Prinzip, die Rechtsstaatlichkeit, die Gewaltenteilung, die Sozialstaatlichkeit, die Bundesstaatlichkeit widerspricht"[5]). Damit wird Art. 3 I zur Blankettvorschrift für die erwähnten Grundentscheidungen, erhält gleichsam durch sie erst seinen justitiablen Inhalt[6]).

Die Darstellung bleibt bis zu der Stelle immanent folgerichtig, wo Ipsen nun doch das Ventil für eine weitergehende Gleichheitsprüfung öffnet und damit einen entsprechenden Inhalt des Gleichheitssatzes anerkennt. Für „Verhältnisse, Sachverhalte und Beziehungen", die nicht eigens gesetzlich festgelegt seien, komme der Gleichheitsschutz — in Rechtsanwendung und Rechtsetzung — für die maßgebliche Bestimmung der Vergleichstatbestände nach jenen Erwägungen und Maßstäben in Frage, die seine Umschreibung als Willkürverbot entwickelt hat[7]).

So läßt Ipsen die Rüge einer Gleichheitsverletzung gegenüber Gesetzgebung und Rechtsanwendung zu, „wenn unterschiedliche Tatbestandsmerkmale des fraglichen Rechtsverhältnisses für seine Regelung, ver-

---

ein bloßes Beharren auf der Identifizierung von Gleichheit mit Gerechtigkeit und Willkürverbot müsse mit Zwangsläufigkeit auf Subjektivität hinauslaufen!

[1]) Vgl. Ipsen, a. a. O., S. 155. In diesem Zusammenhang sei auf die Kritik oben S. 10f. verwiesen.

[2]) Vgl. ebenda. — Nebenbei sei gefragt, ob diese Befürchtung Ipsens nicht Zweifel an dem Gerechtigkeitsgehalt gewisser Merkmale des Abs. III verrät (vgl. dazu ebenda S. 155 unter A und S. 156 unter B).

[3]) Vgl. ebenda S. 162.

[4]) Vgl. ebenda S. 184.

[5]) Vgl. ebenda.

[6]) So trage z. B. das Prinzip der Sozialstaatlichkeit zur Inhaltserfüllung des Gleichheitssatzes im ökonomischen Bereich bei; das Merkmal „Herkunft" in Abs. III könne von daher eine Sinndeutung als Gebot zu ökonomischer Egalisierung empfangen. In der „Funktionalisierung des Gleichheitssatzes mit Hilfe der Sozialstaatsklausel" liege der entscheidende Ansatzpunkt für eine neue Phase seiner Radikalität, die nach Ipsen auf eine Egalisierung der sozialen Unterschiede zielt (vgl. ebenda, S. 173).

[7]) Vgl. ebenda S. 185.

glichen mit dem Zweck des Hoheitsaktes oder der anwendbaren Norm, inadäquat (!), sachfremd, unwesentlich oder unerheblich sind"[1]). Nach Ipsen handelt es sich bei dieser Prüfung nicht um die (bekämpfte) Willkürprüfung, sondern „um eine vor der eigentlichen Anwendung des Gleichheitssatzes stattfindende Überprüfung der von der öffentlichen Gewalt vorgenommenen Bildung des Vergleichstatbestandes; nicht am Willkürverbot, sondern an deren (justitiablem) Zweck werde ja die Norm gemessen[2]).

Im Rahmen einer immanenten Kritik bleibt zunächst zu fragen, ob die von Gesetzgebung oder Exekutive getroffenen Unterscheidungen nur auf ihr Verhältnis zum Zweck[3]) von Norm oder Hoheitsakt überprüft werden können — dafür sprächen die zitierten Formulierungen für sich betrachtet — oder ob auch die Zwecke selbst mit den Zwecken anderer Normen bzw. Hoheitsakte auf ungerechtfertigte Unterscheidungen hin vergleichbar sein sollen — dafür scheint der Zusammenhang[4]) zu sprechen.

Dann aber ist weiter zu fragen: Entspricht nicht gerade und nur das, was Ipsen „vor" die Anwendung des Gleichheitssatzes verlegt, nämlich die sachgemäße Bildung des Vergleichstatbestandes, seinem richtig verstandenen Inhalt? Denn nach Ipsen sind bei der Bildung des Vergleichstatbestandes nicht nur auf die Person bezogene Gleichheitsmerkmale zu berücksichtigen, sondern auch solche, die Verhältnisse, Sachverhalte und Beziehungen betreffen. Um was anderes handelt es sich aber bei der Anwendung von Art. 3 I, als um die richtige Scheidung der für eine bestimmte rechtliche Regelung „unerheblichen" von den „relevanten" Tatbestandsmerkmalen?

Wie sich aus der für die richterliche Anwendung des Gleichheitssatzes vorgeschlagenen Reihenfolge der Gleichheitsprüfung ergibt, hält Ipsen etwa das demokratische Prinzip für in höherem Maße justitiabel als das Gebot, Gleiches gleich und Ungleiches nach seiner Verschiedenheit zu behandeln. Das hat seinen Grund in der eingangs erwähnten Identifizierung der Gleichheit mit Willkürverbot oder Gerechtigkeitsgebot, die bereits[5]) grundsätzlich kritisch beleuchtet wurde und deren Konsequenzen Ipsen zutreffend herausgestellt hat.

Was schon bei der Kritik an Aldag anklang, sei hier thesenhaft wiederholt: Art. 3 hat weder den Zweck, schlechthin die Gerechtigkeit zu verwirklichen, noch Willkür zu verhüten, sondern nur das Gleichheitsgebot als Teilinhalt der allgemeinen Gerechtigkeit zu sichern.

Kann man Gleichheit und Gerechtigkeit nicht identifizieren, so geht es angesichts der Entscheidung des Bonner Verfassunggebers für einen

---

[1]) Vgl. Ipsen, a. a. O., S. 190; Hervorhebungen vom Verfasser.
[2]) Vgl. ebenda, S. 186.
[3]) Wenn aber dieser Zweck gegen Art. 3 I verstößt? Vgl. S. 48, Note 5.
[4]) Vgl. Ipsen, a.a. O., S. 184—189.
[5]) Vgl. oben S. 48—51.

(auch) materiellen Rechtsstaat aber desgleichen nicht an, im Gleichheitssatz nur das dynamische Element einer verfassunggestaltenden Grundentscheidung zu sehen, die im demokratischen Prinzip ihren Ursprung hat, das Mehrheitsprinzip als ihre Emanation hervorbringt[1]) und die Egalisierung der sozialen Unterschiede intendiert[2]), ohne den zugleich und primär in Art. 3 I enthaltenen Gleichheitsgrundsatz zu erwähnen und als deren immanente Begrenzung anzuerkennen. Das würde freilich eine metaphysische Begründung des Rechts voraussetzen.

*

Schließlich ist noch auf die bei v. Mangoldt-Klein[3]) gegebene Interpretation des Art. 3 I GG einzugehen.

Der eigentlichen Kommentierung des Gleichheitssatzes wird bei v. Mangoldt-Klein ein kompliziertes „System von Ausprägungen der Gleichheit" zugrundegelegt, in das der Art. 3 I später eingefügt wird[4]). Über allen Erscheinungsformen der Gleichheit steht danach „der allgemeine Gleichheitsgedanke", dem der allgemeine Individual-Gleichheitsgedanke und der Organisations-Gleichheitsgedanke unterfallen. Der allgemeine Individual-Gleichheitsgedanke wiederum erscheint in doppelter Weise: negativ-formal im allgemeinen Gleichheitssatz des Art. 3 I sowie positiv-material[5]).

Der sog. allgemeine Gleichheitsgedanke sei der Gedanke der ausgleichenden, der gleichbehandelnden Gerechtigkeit (justitia commutativa) als oberster Grundsatz einer bestimmten Rechtsauffassung und in Art. 3 I in der Form eines Grundsatzbekenntnisses angesprochen[6]).

Als erste kritische Frage drängt sich die nach dem Verhältnis von Inhalt und Form auf: Was bedeutet hier „angesprochen"? Wenn der „allgemeine Gleichheitsgedanke" einen der drei Inhalte des Abs. I darstellt[7]), so hat er doch darin seinen Ausdruck gefunden, ist also in Art. 3 I nicht an-, sondern ausgesprochen.

Sodann könnte die Vermutung entstehen, daß im Kommentar die Bezeichnung „allgemeiner Gleichheitsgedanke" für das gewählt wurde, was hier als allgemeiner Rechtsgrundsatz bzw. Gleichheitsgrundsatz bezeichnet wird[8]), denn dieser allgemeine Gleichheitsgedanke habe sich in anderen Rechtsgebieten niedergeschlagen[9]). Darüber aber, ob diese Figur des allgemeinen Gleichheitsgedankens irgend eine rechtserhebliche Funktion, also (sei es als solche, sei es wegen der Formulierung in Art. 3 I)

---

[1]) So Ipsen, a. a. O., S. 170.
[2]) Vgl. ebenda, S. 174; siehe auch S. 56, Note 6.
[3]) A. a. O., Die Grundrechte, Art. 3.
[4]) A. a. O., Anm. II 4 zu Art. 3.
[5]) Vgl. ebenda.
[6]) Vgl. ebenda, Anm. II 4 zu Art. 3.
[7]) So ebenda unter b).
[8]) Auf diesem Gebiet fehlt bisher eine einheitliche Terminologie.
[9]) Vgl. v. Mangoldt-Klein, a. a. O., Anm. II 4b zu Art. 3, Note 1.

normative Kraft hat, sagt der Kommentar nichts; lediglich eine direkte Rechtssatzwirkung wird mit Recht verneint. — Andererseits wird der allgemeine Gleichheitsgedanke als „oberster Grundsatz einer bestimmten Rechtsauffassung" bezeichnet. Üblicherweise spricht man sonst von einem obersten Grundsatz in bezug auf die (allgemeine) oder eine bestimmte Rechtsordnung. Der Ausdruck „Auffassung" verlegt offenbar die Bedeutung des allgemeinen Gleichheitsgedankens in die subjektive Sphäre und sieht in ihm eine rein logische Größe. — In welcher Weise diese Rechtsauffassung nun bestimmt sei, wird nicht gesagt. Ein allgemeiner Rechtsgrundsatz kann hiernach nicht gemeint sein.

Der Inhalt des allgemeinen Gleichheitsgedankens wird widersprüchlich umschrieben. Ist die ausgleichende (justitia commutativa) oder die gleichbehandelnde[1]) (justitia distributiva) gemeint? Die Formulierung spricht für erstere Gerechtigkeitsart, der Zusammenhang für letztere; denn das Prinzip der justitia commutativa ist — wiederum nach einheitlichem Sprachgebrauch — die arithmetische Gleichheit, die bei der Inhaltsbestimmung des „allgemeinen" Gleichheitssatzes[2]) mit Recht eliminiert wird, das der justitia distributiva aber die sog. geometrische oder proportionale Gleichheit.

Ebenso unbestimmt erscheint der erste der beiden „Unterfälle" (species) des allgemeinen Gleichheitsgedankens, der sog. allgemeine Individual-Gleichheitsgedanke (ebenfalls ohne Rechtssatzwirkung); er bleibt ohne nähere Umschreibung, so daß das Unterscheidungskriterium von genus und species nicht ersichtlich ist. Der Zusammenhang läßt aber vermuten, daß es sich nicht um eine species, sondern nur um die zweifache Wirkung desselben handelt[3]). Dann aber fragt sich, wieso man bei einem Gedanken von einer (rechtlich erheblichen?) Wirkung sprechen kann.

Auch die Unterscheidung der beiden Erscheinungsformen des allgemeinen Individual-Gleichheitsgedankens, der „negativ-formalen" und der „positiv-materialen" (beide haben Rechtsatzwirkung) bleibt unklar. Negativ bedeutet wohl: den negativen status garantierend; was aber meint formal, wenn Art. 3 I auch den Gesetzgeber zur Schaffung gleichen Rechts verpflichtet?[4]). Dieser ersten Erscheinungsform unterfallen neben dem allgemeinen Gleichheitssatz (Art. 3 I) alle besonderen Gleichheitssätze des Grundgesetzes[5]). Entsprechend ist nach der Bedeutung des Ausdrucks „material" zu fragen. Positiv-material trete der allgemeine Individual-Gleichheitsgedanke als Rechtssatz in den sozialen Grundrechten und im Sozialstaatsgrundsatz in Erscheinung[6]). Nun sind aber soziale Grundrechte nach der Auffassung des Kommentars nicht in das

[1]) In der Fachsprache wird der Ausdruck gleichbehandelnd einheitlich (synonym mit austeilend) gebraucht.

[2]) Vgl. v. Mangoldt-Klein, a. a. O., Anm. II 1 zu Art. 3.

[3]) Vgl. ebenda, Anm. II 4c, 1. Satz.

[4]) Vgl. ebenda, Anm. III 1 (2. Absatz) zu Art. 3.

[5]) Vgl. S. 35, Note 7.

[6]) Vgl. v. Mangoldt-Klein, a. a. O., Anm. II 4b am Ende.

Grundgesetz aufgenommen worden[1]), und der Rechtssatzqualität der Sozialstaatsklausel muß mangels inhaltlicher Bestimmtheit mit aller Entschiedenheit widersprochen werden[2]).

Der allgemeine Gleichheitsgedanke, der allgemeine Individual-Gleichheitsgedanke und der Gleichheitssatz in den geschilderten Erscheinungsformen werden nun im Kommentar als die „drei verschiedenen Inhalte" des Art. 3 I bezeichnet[3]). Immanent folgerichtig müßte aber dann auch der sog. Organisations-Gleichheitsgedanke[4]) (als species oder Wirkung des in Art. 3 I enthaltenen allgemeinen Gleichheitsgedankens) aus dieser Bestimmung entnommen werden; denn wenn der allgemeine Gleichheitsgedanke Inhalt von Art. 3 I geworden ist, müßten es in gleicher Weise dessen beide „Unterfälle" sein. Das widerspricht aber schon dem Wortlaut und auch dem Sinn des Art. 3 I[5]).

Diese Andeutungen des Kommentars gehen einerseits bewußt über eine bloße Exegese hinaus, weil sie nicht mehr aus dem Text herauslesen, sondern etwas annehmen, was in ihm nicht enthalten ist, sind aber andererseits zu knapp, um die erstrebte systematische Klarheit zu vermitteln.

Abgesehen von der Gleichsetzung von Gleichheitsgebot und Willkürverbot sind die konkreteren Ausführungen zum allgemeinen Gleichheitssatz selbst dagegen sehr brauchbar.

Während im Hinblick auf diese Gleichsetzung von Mangoldt[6]) zutreffend den engeren Gleichheitsbegriff von dem weiteren Gerechtigkeitsbegriff abhebt, wird in der von Klein bearbeiteten Neuauflage der Inhalt des (eigentlichen) Gleichheitssatzes mit dem Gerechtigkeitsgebot oder dem Willkürverbot gleichgesetzt, „in dem zugleich der Gedanke des materiellen Rechtsstaates zum Ausdruck komme"[7]). Hierin liegt eine noch weitere Ausdehnung des Gleichheitsbegriffes als bei Ipsen, die ebenso wie die bereits oben[8]) kritisierte Gleichsetzung aus dem Wortlaut oder der systematischen Stellung des Art. 3 nicht gefolgert werden darf[9]).

---

[1]) Vgl. ebenda, Die Grundrechte, Vorbem. B VI 1, 2. Absatz.

[2]) So früher auch ausdrücklich Friedrich Klein, Bonner Grundgesetz und Rechtsstaat, in ZgesStaatswiss. Bd. 106 (1950), S. 390—411 (398f., 401).

[3]) v. Mangoldt-Klein, a. a. O., Anm. II 4b zu Art. 3.

[4]) Dieser trete z. B. in Erscheinung als Teilinhalt des Demokratiebegriffes, in der Gewaltentrennung, im Bundesstaatsbegriff, als Gleichberechtigungsgrundsatz in der Völkerrechtsgemeinschaft u. a. m. Vgl. ebenda Anm. II 4c.

[5]) Vgl. oben S. 27.

[6]) Hermann v. Mangoldt, Kommentar Anm. 2 zu Art. 3.

[7]) v. Mangoldt-Klein, a. a. O., Anm. III 4 a zu Art. 3.

[8]) Vgl. oben S. 48—51.

[9]) Eine andere Frage ist, ob in einem Rechtsstaat ein solches Willkürverbot nicht ohnehin Bestandteil der verfassungsmäßigen Ordnung ist oder sich nicht richtiger aus den Art. 1 oder 2 GG begründen läßt. Vgl. dazu Mallmann, a. a. O., S. 411, dem insoweit zugestimmt werden kann.

Anders vorher, wo der Kommentar eine durchaus brauchbare eingehendere Umschreibung des Begriffes der Gleichheit im engeren (richtigen) Sinne gibt. Zutreffend wird die arithmetische Gleichheit zugunsten der proportionalen abgelehnt und im Gleichheitssatz das Gebot gesehen, sachverhaltlich Gleiches auch rechtlich gleich, sachverhaltlich Ungleiches nach seiner Eigenart rechtlich ungleich zu behandeln[1]). V. Mangoldt-Klein beschränkt sich aber nicht auf diese formalen Bestimmungen; die bestehenden, vor allem die naturgegebenen Ungleichheiten und solche auf dem Gebiete des sozialen Lebens seien zu berücksichtigen[2]). Damit werden materielle Bezugspunkte gegeben, nach denen sich die rechtliche Gleich- oder Ungleichbehandlung der Gesetzgebung und der Exekutive zu richten hat, und die dem Richter gegebenenfalls — bei notwendiger Anerkennung einer weiten Gestaltungs- bzw. Ermessensfreiheit — eine objektive Prüfung der Zulässigkeit bestimmter Differenzierungen ermöglichen.

Nach der Würdigung der Rechtsprechung zum Gleichheitssatz werden diese Gedanken noch weiterzuführen sein.

II. Die neuere Rechtsprechung zum Gleichheitssatz

Die recht zahlreiche neuere Rechtsprechung zum Gleichheitssatz kann hier nicht lückenlos behandelt werden. Es soll vielmehr ein Überblick über die wichtigsten Gerichtsentscheidungen gegeben werden, die sich ausdrücklich zum Inhalt des Gleichheits(grund)satzes äußern[3]).

Dabei wird sich zeigen, daß sich die Inhaltsbestimmungen ganz grob und bei fließenden Übergängen unter zwei Thesen gruppieren lassen:

1. Der Gleichheitssatz verbietet willkürliche Unterscheidungen; eine Unterscheidung ist willkürlich, wenn sich für sie keinerlei sachliche Gründe anführen lassen. In den einzelnen Interpretationen wird nun ein verschieden strenger Maßstab an die eine Willkür ausschließenden Begründungen gelegt; dabei reicht der Rahmen von einem wenigstens „diskutablen" bis zu einem „für die zu regelnde Sache maßgebenden" Grund.
2. Der Gleichheitssatz verbietet die Differenzierung ohne sachlichen Grund und ohne ausreichende Orientierung an dem Gedanken der Gerechtigkeit. Hier ist die Unterscheidung zwischen Gleichheit und Gerechtigkeit mehr oder weniger scharf; teils wird das Erfordernis der Rechtssicherheit als der Gerechtigkeit immanent angesehen, teils eigens betont.

---

[1]) v. Mangoldt-Klein, a. a. O., Anm. III 1 zu Art. 3.

[2]) Vgl. ebenda, im Anschluß an Wernicke, in Bonner Kommentar, Erl. II 1 b zu Art. 3.

[3]) Naturgemäß liegt der Schwerpunkt der Rechtsprechung zum Gleichheitssatz seit einigen Jahren in der Überprüfung von Gesetzen. Alles hier Gesagte gilt aber sinngemäß ebenso für die Exekutive und — etwas modifiziert — auch für die Judikative. Gleichheitssatz und -grundsatz werden meist synonym gebraucht.

Noch ein weiteres wird deutlich werden, das wohl typisch für die Situation zu sein scheint, in der sich der Richter heute gegenüber dem Gleichheitssatz befindet: die Rechtsprechung ist — auch bei demselben Gericht — keineswegs einheitlich.

Wenn jetzt die Entscheidungen selbst — zunächst die des BVerfG, dann die einiger Gerichtshöfe der Länder — zitiert werden, so kann das freilich nur mit der Einschränkung geschehen, die grundsätzlich bei der Verwertung von Gerichtsentscheidungen zu machen ist. Jede allgemeine Erörterung eines Gerichts ist — oder sollte es doch sein — auf einen konkreten Sachverhalt abgestellt und daher eigentlich nur auf dessen Hintergrund verständlich[1]).

1. Aussagen des Bundesverfassungsgerichts zum Inhalt des Gleichheitssatzes

Das BVerfG[2]) führt in einem seiner ersten Urteile, der berühmten Südweststaatentscheidung[3]), aus, der Gleichheitssatz verbiete, daß wesentlich Gleiches ungleich, nicht dagegen, daß wesentlich Ungleiches entsprechend der bestehenden Ungleichheit ungleich behandelt wird. Der Gleichheitssatz sei verletzt, wenn sich ein vernünftiger, aus der Natur der Sache entspringender oder[4]) sonstwie sachlich einleuchtender Grund für die gesetzliche Differenzierung oder Gleichbehandlung nicht finden lasse, kurzum, wenn die Bestimmung als willkürlich bezeichnet werden müsse. An anderer Stelle[5]) werden zureichende sachliche Gründe gefordert.

In einem weiteren Urteil[6]) heißt es, der Gleichheitssatz dürfe nicht so verstanden werden, als habe der Gesetzgeber alle tatsächlichen Verschiedenheiten der Lebensverhältnisse im einzelnen zu berücksichtigen, da dies eine sachgemäße Vereinheitlichung des Rechts auf vielen Gebieten verhindern würde. Entscheidend sei vielmehr, ob für eine am Gerechtigkeitsgedanken orientierte Betrachtungsweise die tatsächlichen Ungleichheiten in dem jeweils in Betracht kommenden Zusammenhang so bedeutsam seien, daß der Gesetzgeber sie bei seiner Regelung beachten müsse[7]).

---

[1]) Dennoch muß hier aus Raumgründen auf die Darlegung der Sachverhalte verzichtet werden.

[2]) Das BVerfG, aber auch andere höhere Gerichte, haben in ihren bisherigen Entscheidungen eine nicht unbedenkliche Leitsatzfreudigkeit gezeigt und darin zu weitgehenden Verallgemeinerungen geneigt. Vgl. die Bemerkung von Klein, BVerfG und Südweststaatfrage, in AöR Bd. 77 (1952) S. 453 unter 2. Daher wird im folgenden nur aus den Entscheidungsgründen zitiert werden.

[3]) BVerfGE 1, 14—66 (52).

[4]) Hervorhebung vom Verfasser.

[5]) BVerfGE 1, 117—143 (140f.).

[6]) BVerfGE 1, 264—281 (276).

[7]) Zutreffend hat Ipsen, a. a. O., S. 153 auf den Zirkelschluß in dieser Begründung hingewiesen.

Eine spätere Entscheidung[1]) führt den Gedanken — zwischen den zitierten Urteilsgründen vermittelnd — weiter: auch nach der Formel, daß Gleiches gleich, Ungleiches seiner Eigenart entsprechend verschieden zu behandeln sei, bleibe ein weiter Ermessensspielraum; viele Regelungen seien denkbar, die sich im Rahmen des Gleichheitssatzes hielten; es müsse nicht die zweckmäßigste oder gerechteste Lösung gefunden werden. Der Gleichheitssatz werde erst jenseits gewisser äußerster Grenzen verletzt, wenn für eine Differenzierung sachlich einleuchtende Gründe schlechterdings nicht mehr erkennbar seien, so daß ein Verstoß gegen das allgemeine Gerechtigkeitsempfinden (die Erfordernisse der Gerechtigkeit[2])) vorliege.

Wieder etwas später sagt das BVerfG[3]), nicht alle tatsächlichen Verschiedenheiten dürften zu unterschiedlicher Behandlung führen, nur solche tatsächlichen Ungleichheiten, denen aus Erwägungen der Gerechtigkeit und Zweckmäßigkeit auch für das Recht entscheidende Bedeutung zukomme; das Ermessen des Gesetzgebers finde seine Grenze im Willkürverbot.

Recht ausführlich ist die Umschreibung in einem Beschluß v. 21. 7. 1955[4]). Die Tatbestände für eine gesetzliche Regelung müßten sachgemäß ausgewählt werden, d. h. nach Gesichtspunkten, die sich aus der Art der zu regelnden Lebensverhältnisse ergeben, in diesem Sinne dürfe also nicht „willkürlich" verfahren werden. Die vom Gesetz dann erfaßten Tatbestände müßten gleichartig geregelt werden. Differenzierungen seien dabei nicht ausgeschlossen, wenn sie in tatsächlichen Verschiedenheiten ihren Grund hätten, deren Berücksichtigung von der Gerechtigkeit her notwendig oder gerechtfertigt erscheine.

Mit Recht hebt Scheuner[5]) die Zurückhaltung des Gerichts bei der Gleichheitsprüfung wie auch die Notwendigkeit hervor, den Willkürbegriff zu konkretisieren oder zu präzisieren[6]) und sich davor zu hüten, den Gleichheitssatz zu einer allgemeinen Forderung nach Gerechtigkeit und Billigkeit werden zu lassen.

Auch die Beobachtung Hamanns[7]) ist zutreffend, daß das BVerfG offenbar in zunehmendem Maße bemüht ist, konkretere Regeln für die

---

[1]) BVerfGE 3, 58—162 (135f.).

[2]) So in derselben Entscheidung S. 158. Hinweise auf gewisse äußerste Grenzen und auf schlechterdings nicht mehr erkennbare Gründe sind zu unbestimmt, um brauchbar zu sein.

[3]) BVerfGE 3, 225—248 (240). [4]) BVerfGE 4, 219—250 (243f.).

[5]) Ulrich Scheuner, Die Rechtsprechung des BVerfG in DVBl. 1952, S. 613 bis 618 und 645—649 (646f.).

[6]) Solche Präzisierung muß aber exegetisch gewonnen werden; es ist aufschlußreich, wenn Scheuner, ebd. S. 647, Note 72, in diesem Zusammenhang — offenbar als mögliche Präzisierung — die radikale Gleichheit der revolutionären Theorie eine an der Lehre der Tugend und der Einfachheit orientierte materiale Vorstellung menschlicher Lebensbeziehungen nennt! Vgl. dazu S. 50, Note 7 am Ende.

[7]) Hamann, (A.) Willkür im objektiven Sinne, in NJW 1956, S. 370.

Anwendung des Art. 3 I zu geben und sich mehr und mehr von einem subjektiv mißdeutbaren Willkürbegriff zu lösen. Freilich bleibt abzuwarten, ob diese Entwicklung anhält.

Sicher besteht für etliche frühere Entscheidungen die Kritik Ipsens[1]) zu Recht, das Bemühen, die Gleichheitsbindung des Gesetzgebers zu präzisieren, habe zu Umschreibungen der Willkürverbotsdeutung („geronnener Theorie") geführt[2]).

2. Der Gleichheitssatz in der Rechtsprechung einiger Gerichtshöfe der Länder

Auch die Entscheidungen von Staatsgerichtshöfen der Länder zu den Gleichheitssätzen der Länderverfassungen können zum Vergleich herangezogen werden, da hier dieselbe Frage auftaucht.

Nach Ansicht des OVG Hamburg[3]) ist der Gleichheitssatz ein Willkürverbot; aber nicht alle Willkürakte seien untersagt, sicherlich dann nicht, wenn jede andere Regelung ebenso willkürlich wäre. Willkürlich ist eine Differenzierung, wenn sie eine Rechtsfolge allein von („zufälligen") Umständen abhängen läßt, deren Vorliegen oder Nichtvorliegen selbst bei vorsichtigster Beurteilung unmöglich als sachlicher oder auch nur diskutabler Grund anerkannt werden kann, die Rechtsfolge eintreten zu lassen oder nicht.

Das OVG Lüneburg sieht[4]) im Gleichheitsgedanken das Verbot, aus sachlich nicht gerechtfertigten Gründen Ungleichheiten zu schaffen; an anderer Stelle[5]) heißt es, der Gleichheitsgrundsatz enthalte das Verbot der Willkür, er verlange auch vom Gesetzgeber, daß die Entscheidungen von sachlichen Gesichtspunkten getragen seien und versage offenbar willkürliche Entscheidungen. In einem neueren Urteil[6]) fordert das Gericht für eine ungleiche Behandlung einen vernünftigen, aus der Natur der Sache sich ergebenden Grund.

Auch der Hessische Staatsgerichtshof[7]) sieht im Gleichheitssatz[8]) „das vom Bundesgericht der Schweiz mit Recht abgeleitete" Willkürverbot, umschreibt Willkür aber unter Berufung auf Kant als Un-

---

[1]) Vgl. Ipsen, a. a. O., S. 153.

[2]) Beachtenswert ist die Interpretation des BGH von Art. 3 I, die der erste Zivilsenat in einem Gutachten v. 6. 9. 1953 gegeben hat; vgl. BGHZ 11/Anh. S. 34—81 (58f.).

[3]) In VerwRspr. Bd. 6 (1954), S. 439—445 (440f.).

[4]) Amtl. Sammlg. Bd. 2 (1951), S. 157—177 (171).

[5]) Ebenda S. 205—214 (212).

[6]) Amtl. Sammlg. Bd. 8 (1955), S. 421—426 (425).

[7]) In VerwRspr. Bd. 2 (1950), S. 293—314 (308).

[8]) Art. 1 der Hessischen Verfassung v. 11. 12. 1946 lautet: Alle Menschen sind vor dem Gesetz gleich, ohne Unterschied des Geschlechts, der Rasse, der Herkunft oder der religiösen und politischen Überzeugung.

gerechtigkeit[1]). Es werde verletzt, wenn Unterscheidungen ohne irgendwie (?) einleuchtenden Grund in einer der Natur und (?) dem Wesen der Sache offenbar (?) widersprechenden Weise statuiert seien.

Nach dem Badischen Staatsgerichtshof[2]) schließt der Gleichheitsgrundsatz[3]) das Verbot der Ungerechtigkeit und Willkür in sich[4]). Eine spätere Entscheidung[5]) dagegen läßt durch den Gleichheitssatz lediglich „unsachliche Unterscheidungen" verboten sein. Der Unterscheidungsgrund müsse vernünftig (reasonable) sein. Noch allgemeiner der Württemberg-Badische Verwaltungsgerichtshof[6]), der Gleichheitsgrundsatz verbiete nur „Willkür" und „unzulänglich motivierte Unterscheidungen"[7]).

Während die bisher zitierten Gerichte den Akzent auf das Willkürverbot legen und im übrigen wenig präzise Umschreibungen des Inhalts geben, hat sich der Bayrische Verfassungsgerichtshof eingehender geäußert[8]). Der Gleichheitsgrundsatz gebiete, ohne Ansehen der Person bei Gleichheit der tatsächlichen Verhältnisse und Rechtslage[9]) jedes Rechtssubjekt gleich, d. h. nicht anders als alle übrigen zu behandeln. Er verbiete jede willkürliche, d. h. nicht durch sachliche Unterscheidungen gerechtfertigte Handlung oder Unterlassung[10]); insofern diene der Gleichheitsgrundsatz zugleich der Sicherung (!)[11]) der materiellen Gerechtigkeit. An anderer Stelle[12]) heißt es, der Gleichheitsgrundsatz sei verletzt, wenn gleichliegende Tatbestände, die aus der Natur der Sache heraus und (!) unter dem Gesichtspunkt der Gerechtigkeit klar (!) eine gleichartige Handlung erforderten, willkürlich, d. h. ohne zureichenden (!) sachlichen Grund und ohne ausreichende Orientierung an der Idee

---

[1]) Das gibt zu Mißverständnissen Anlaß, nachdem der Begriff „Willkür" in diesem Zusammenhang eine andere Deutung erfahren hat, auf die in derselben Entscheidung Bezug genommen wird. Vgl. oben S. 47—51.

[2]) In VerwRspr. Bd. 3 (1951), S. 1—13 (4).

[3]) Art. 2 Satz 1 der Badischen Verfassung v. 22. 5. 1947 lautete: Alle Bewohner Badens ohne Unterschied der Herkunft, der Rasse, der Religion und der politischen Überzeugung sind vor dem Gesetz gleich.

[4]) Dadurch wird zutreffend angedeutet, daß er sich nicht im Willkürverbot erschöpft.

[5]) In VerwRspr. Bd. 4 (1952), S. 1—13 (10).

[6]) Amtl. Samml. Bd. 1 (1952), S. 151—171 (155).

[7]) Das im Anschluß an Friedrich Giese, Grundgesetz für die Bundesrepublik Deutschland v. 23. 5. 1949, 4. Aufl., Frankfurt 1955, Anm. II 3 zu Art. 3, der übrigens in Art. 3 Abs. 1 das Gebot gerechter und Verbot ungerechter Regelung und Behandlung sieht (vgl. ebd. Anm. II 2).

[8]) BayrVerfGE NF 1 (1947/48) S. 29—33 (31).

[9]) Hervorhebung vom Verfasser; auf dieses Merkmal stellt nur der Bayrische Verfassungsgerichtshof ab.

[10]) Wie Note 9.

[11]) Sicherung bedeutet nicht Herstellung!

[12]) BayrVerfGE NF 1 (1947/48), S. 64—81 (79).

der Gerechtigkeit ungleich behandelt wären[1]). Noch eingehender an anderer Stelle[2]): Der Gleichheitsgrundsatz hebe naturgegebene Ungleichheiten und Unterscheidungen nicht auf und versage ihnen nicht die rechtliche Anerkennung, noch verbiete er dem Gesetzgeber, an diese Verschiedenheiten Folgerungen zu knüpfen. Besondere Beachtung verdient schließlich noch ein Urteil des Bayrischen Verwaltungsgerichtshofs[3]): Es sei nicht gerechtfertigt, innerlich durchaus gleichgelagerte Fälle aus bloßen äußeren, mehr oder weniger zufälligen Gründen ungleichartig zu behandeln.

Tenor und Begründung dieser Entscheidung veranschaulichen, daß die Inhaltsbestimmung der Bayerischen Gerichte für die Praxis brauchbar ist. Keine Interpretation der übrigen Gerichte führt m. E. so sicher zu einer (sach-)gerechten Lösung. In den Entscheidungsgründen des Bayerischen VerfGH wird nicht stärker abstrahiert[4]), sondern weiter analysiert als bei den übrigen Gerichten. Weitgehend entbehren die Auslegungen der anderen Gerichte materialer Kriterien und ermöglichen daher (theoretisch) eine Über- oder Unterbewertung der Gleichheitsprüfung[5]). Wenngleich die Differenzierungen unter dem Gesichtspunkt der Gerechtigkeit vorzunehmen und zu überprüfen sind[6]), so wird dadurch die Gleichheitsprüfung noch nicht zur Gerechtigkeitsprüfung. Ipsen[7]) hat durchaus Unrecht mit der Behauptung, die Rechtsprechung messe die Gesetzgebung weitgehend am Maßstab der Gerechtigkeit.

Der Gang durch die Rechtsprechung hat gezeigt, daß das BVerfG wie auch die zitierten Gerichte der Länder im Gleichheitssatz ein Gebot an den Gesetzgeber und die Rechtsanwendung im Sinne sachlicher Rechtsgleichheit sehen[8]). Unterschiedliche Ansichten bestehen aber darüber, ob der Gleichheitssatz ein bloßes (formelles) Willkürverbot ausdrückt oder (nur) bei der Frage nach Gleich- oder Ungleichbehandlung eine Bezugnahme auf die Gerechtigkeit gebietet.

---

[1]) Ähnlich in einer anderen Entscheidung: BayrVerfGE NF 2 (1949) S. 127 bis 143 (139), in der noch besonders auf die Ermessensfreiheit des Gesetzgebers hingewiesen wird.

[2]) BayrVerfGE NF 4 (1951), S. 219—251 (244f.).

[3]) Vom 22. 9. 1950 in DVBl. 1951, S. 117—121 (121).

[4]) So Ipsen, a. a. O., S. 153.

[5]) Vgl. dazu die durchaus zutreffende Kritik von Andreas Hamann, Zur Rechtsprechung zu den Art. 2 u. 3 des Bonner Grundgesetzes, in DöV 1952, S. 132—135 (134).

[6]) Nur so ist es zu verstehen, wenn der Bayrische Verfassungsgerichtshof vom „Gleichheitsgrundsatz im Sinne materieller Gerechtigkeit" spricht; vgl. BayrVerfGE NF 4 (1951) S. 51—63 (59).

[7]) A. a. O., S. 154.

[8]) Zu einer engeren Inhaltsbestimmung des Gleichheitssatzes im Sinne nur persönlicher Rechtsgleichheit kommt das Badische Oberversicherungsamt in seinem Urteil v. 18. 7. 1950 in DRZ 1950 S. 409f. mit der wenig einleuchtenden Begründung, andernfalls wäre die Zahl der Verfassungsstreitigkeiten nicht abzusehen.

§ 5: Versuch einer Deutung des Gleichheitssatzes

Was im einzelnen bei der Würdigung von Lehre und Rechtsprechung schon anklang, soll jetzt noch einmal systematisch zusammengestellt werden und den Versuch einer Deutung des Gleichheitssatzes darstellen, die sich auf den Begriff der Gleichheit (I.) und die Gesichtspunkte für die Gleich- oder Ungleichbehandlung (II.) zu erstrecken hat und abschließend zusammenzufassen ist (III.).

I. Zum Begriff der Gleichheit

Die Ausführungen zum Begriff der Gleichheit sollen sich um zwei Gegenstände gruppieren, die m. E. die Ursache der schwierigen Verständigung über die Gleichheit und den Gleichheitssatz sind: einmal bedürfen die zahlreichen dem Begriff der Gleichheit von Literatur und Rechtsprechung hinzugefügten Attribute, die offenbar seine Arten bezeichnen wollen, einer begrifflichen Analyse (1.), zum zweiten ist das Verhältnis von Gleichheit und Gerechtigkeit zu behandeln (2.).

1. Begriffliche Unterscheidungen[1])

Fünf Begriffspaare[2]) sind zu analysieren; zunächst „absolute“ und „relative“ Gleichheit.

Gleichheit ist ein Verhältnis, in dem Verschiedenes zueinander steht. Ein Gleichheitsurteil setzt also Verschiedenheit[3]) und somit mehrere Objekte voraus; dadurch unterscheidet sich die Gleichheit von der Identität, deren Voraussetzung nur ein Objekt ist. Ein Gegenstand kann sich also nicht selbst gleich sein[4]). Die beiden Objekte stimmen daher nie in allen Merkmalen überein[5]), sondern nur in bestimmten Beziehungen. Der terminus a quo wird mit dem terminus ad quem immer durch ein tertium comparationis in Beziehung gesetzt[6]).

Im allgemeinen Sprachgebrauch werden aber Gleichheitsurteile nicht mit dieser relativen Einschränkung formuliert[7]). Ein solches Urteil ge-

---

[1]) Vgl. zum folgenden Konrad Hesse, Der Gleichheitsgrundsatz im Staatsrecht, in AöR Bd. 77 (1951/52), S. 167—224, (172—178).

[2]) Teils mit konträrem, teils mit kontradiktorischem Gegensatz.

[3]) Vgl. Hans Nef, Gleichheit und Gerechtigkeit, Zürich 1941, S. 6f., der als weiteres Erfordernis die Vergleichbarkeit aufstellt. Das ist so unrichtig. Denn alle Objekte unseres Denkens können miteinander verglichen werden; allerdings bleibt der Vergleich um so unfruchtbarer, je weniger Gemeinsamkeiten vorhanden sind.

[4]) Man denke an die häufige Verwechslung von „dasselbe“ und „das gleiche“.

[5]) Sie können aber sehr wohl in toto aufeinander bezogen werden. Abweichend Hesse, a. a. O., S. 173, der Beziehbarkeit und Übereinstimmung verwechselt.

[6]) Z. B. die Personen A und B sind gleich hinsichtlich ihrer Größe. Dieses tertium comparationis ist aber nicht Voraussetzung des Vergleichs (so irrig Nef, a. a. O., S. 8), sondern lediglich der Aspekt, unter dem verglichen wird. Es ist auch falsch, von dem Vorhandensein eines gemeinsamen tertium oder gar von tertia comparationis (Nef, a. a. O., S. 9) zu sprechen.

[7]) Daraus erklärt es sich auch, daß dieselben Objekte von dem einen als gleich, von dem anderen als ungleich bezeichnet werden.

winnt desto mehr an Wahrheitsgehalt, je wesentlicher die verglichenen Merkmale für die beiden Objekte sind[1]). Entscheidend ist immer der Gesichtspunkt der Gleichsetzung[2]). Eine absolute Gleichheit gibt es nicht[3]). Wir können zwei Dinge nicht als gleich bezeichnen, ohne anzugeben, in welcher Hinsicht (Relation) sie (relativ) gleich sind. Gleichheit ist also begriffsnotwendig relativ.

Auch die Begriffe „formelle" und „materielle" Gleichheit werden mehrdeutig gebraucht. Burckhardt[4]) versteht unter formeller Ungleichheit den inneren Widerspruch zweier Entscheidungen, also der Gesetzgebung oder der Rechtsanwendung zu sich selbst; materielle Ungleichheit bedeute die Unvereinbarkeit einer rechtlichen Anordnung mit dem „richtigen" Recht, oder kurz: formell ungleich sei, was sich nicht konstruieren, materiell rechtsungleich, was sich nicht begründen lasse. Diese Unterscheidung ist mangels eines echten Gegensatzes logisch unrichtig und daher auch praktisch unbrauchbar; denn in aller Regel enthält eine materielle Ungleichheit auch eine formelle und umgekehrt[5]).

Nach Hatschek richtet sich das Gebot der formellen Rechtsgleichheit an die Rechtsanwendung, das der materiellen an die Rechtsetzung und eine ihr freies Ermessen betätigende Behörde[6]). Aber durch die Bezeichnung der Anwendungsgebiete, die sich zudem überschneiden, wird der spezifische Unterschied nicht erklärt.

Zur Klärung wäre es gut, die Begriffspaare formal — material und formell — materiell auseinanderzuhalten[7]).

Die Attribute formal und material kennzeichnen das Kriterium einer Differenzierung. Formale Gleichheit entsteht, wenn eine Regelung an äußere, akzidentelle Merkmale anknüpft, materiale durch Differenzierung nach einem inneren oder wesentlichen[8]) Kriterium.

Vielleicht könnte man die Attribute formell und materiell hier in demselben Sinne gebrauchen wie in Verbindung mit einem Rechtsgebiet,

---

[1]) Eine Übereinstimmung aller Merkmale ist logisch ausgeschlossen; sie würde Identität bedeuten. So richtig Hesse, a. a. O., S. 173.

[2]) Z. B. die Personen A und B gleichen einander in Haarfarbe, Größe, Intelligenz, Charakter usw.

[3]) Vgl. Scupin, Gleichberechtigung, S. 4; unrichtig Aldag, a. a. O., S. 22, der die Garantie des gleichen Rechtsbestandes absolute Gleichheit nennt.

[4]) A. a. O., Anm. II 1 zu Art. 4.

[5]) Kritisch auch Aldag, a. a. O., S. 21, F. Fleiner-Giacometti, Schweizerisches Bundesstaatsrecht, Zürich 1949, S. 407 u. Meyer, a. a. O., S. 73.

[6]) Julius Hatschek, Deutsches und Preußisches Staatsrecht, 1. Bd., Leipzig 1922, S. 196.

[7]) Auch Robert Briner, Zur Funktion der Gleichheit in der menschlichen Gerechtigkeit, Aarau 1949, S. 64, unterscheidet zwischen materieller, formaler und formeller Gleichheitsforderung, aber in anderem Sinne. Briners Begriffsbildungen liegen auf einer anderen Ebene. Anders auch Wolff, Verwaltungsrecht I, S. 264.

[8]) Die Formulierung „substantiale Gleichheit" sollte man tunlich vermeiden, da auch sie streng genommen Identität bedeutet. Denn zwei Individuen sind ja gerade in der Substanz verschieden; das, was sie derselben Art zugehörig macht, ist ihre Artgleichheit.

z. B. dem Steuerrecht. Dann bezöge sich die formelle Gleichheit auf die prozessualen Möglichkeiten und würde erreicht durch gleiches (formelles) Verfahren der Gerichte und Verwaltungsbehörden gegenüber jedermann, verletzt durch Rechtsverweigerung und Untätigkeit. Aber auch der Gesetzgeber hat für formelle Gleichheit zu sorgen durch Erlaß entsprechender Kompetenznormen und Prozeßvorschriften. Materielle Gleichheit entsteht durch Schaffung gleichen, d. h. gerecht differenzierenden Rechts und dessen gleichmäßiger Anwendung; sie bezieht sich auf den Inhalt der Rechte und Pflichten des einzelnen.

Inhaltlich kann eine Regelung ihre Gleichsetzungen im Tatbestand an persönliche Eigenschaften oder an sachliche Umstände knüpfen. Je nachdem spricht man von persönlicher oder sachlicher Rechtsgleichheit. Daß hier Abgrenzungsschwierigkeiten entstehen können, wurde schon dargelegt[1]), ebenso daß die persönliche Rechtsgleichheit eigentlich nur ein Ausschnitt aus der sachlichen ist.

Das Begriffspaar „arithmetische" — „geometrische" Gleichheit hängt zusammen mit der alten aristotelischen Unterscheidung von ἰσότης und ἀναλογία. Ἰσότης bedeutet Gleichheit ohne Ansehen der Person nach dem Prinzip: „do ut des". Dagegen berücksichtigt die ἀναλογία die die Personen in ihrer Verschiedenartigkeit. Die Ausdrücke „arithmetisch" und „geometrisch" bezeichnen den Maßstab, nach dem in den beiden Gleichheitsarten die Gleichheit ermittelt wird[2]). Die Wahl des Maßstabes ist nicht beliebig; jener findet Anwendung, wenn sich Rechtssubjekte auf gleicher Ebene gegenüberstehen, um ihre Beziehungen i. S. des „do ut des" zu ordnen (denn dann geht es nur um Sachentsprechung), dieser, wenn ein Repräsentant (Organ) einer Ganzheit einer (rechtlich verbundenen) Mehrheit von Individuen gegenübertritt, die dieser Ganzheit als Glieder zugehören (denn dann geht es um die Entsprechung von Sache [Zuteilung] und [Würde der] Person)[3]). Daher ist die für die öffentliche Gewalt gültige Gleichheit immer die geometrische, mag sie sich im Einzelfall schematisch oder proportional äußern.

Die Begriffe „schematische"[4]) und „proportionale" Gleichheit betreffen das Maß der Abstraktion und sind Unterarten der geometrischen Gleichheit[5]) oder bildlich: Pole, zwischen denen sich die geometrische Gleichheit bewegt. An dem einen Pol herrscht reine Proportionalität[6]).

---

[1]) Vgl. oben S. 46f.

[2]) Vgl. Aristoteles, a. a. O., 1131 b 12: Καλοῦσι δὲ τὴν τοιαύτην ἀναλογίαν γεωμετρικὴν οἱ μαθηματικοί.

[3]) Vgl. S. 24, Note 4.

[4]) Synonym wird vielfach „mechanische" Gleichheit gebraucht; richtiger verwendet man aber diesen Ausdruck gleichbedeutend mit arithmetischer Gleichheit.

[5]) Schematische Gleichheit hat also nichts mit der arithmetischen zu tun; vgl. auch Max Salomon, a. a. O., S. 27f.

[6]) Vgl. Platon, Gesetze, 6. Buch (Ausg. Burnet, t. 5 p. 1, Oxonii 1906, Nr. 757 d): ... πρὸς δὲ τὸ δίκαιον ἀεί, τοῦτο δ'ἐστὶ τὸ νυνδὴ λεχθέν, τὸ κατὰ φύσιν ἴσον ἀνίσοις ἑκάστοτε δοθέν.

Durch zunehmende Abstraktion[1]) vergrößert sich das Schema, in das die Rechtssubjekte trotz qualitativer Verschiedenheiten „gepreßt" werden. Je größer die Abstraktion einer Regelung ist, um so mehr tatsächlich Verschiedenes unterfällt ihrer Rechtsfolge, um so weniger wird die tatsächliche Ungleichheit der zu ordnenden Lebensverhältnisse berücksichtigt[2]). Im äußersten Falle der Abstraktion führt die Anwedung des Maßstabs der geometrischen Gleichheit zu einem Ergebnis, das der arithmetischen entspricht, so z. B. beim allgemeinen gleichen Wahlrecht. Zwischen proportionaler und schematischer Gleichheit besteht also nur ein gradueller Unterschied. Es ist unrichtig, beide abstrakt zu werten. Ob diese oder jene Form gerecht ist, kommt auf die zu regelnde Angelegenheit an[3]). Beides sind Formen, keine gegensätzlichen Arten der geometrischen Gleichheit.

2. Zum Verhältnis von Gleichheit und Gerechtigkeit

Die mit Recht bekämpfte Identifizierung von Gleichheitsgebot mit Gerechtigkeitsgebot gründet in der fehlenden Unterscheidung von (allgemeiner) Gleichheit und Rechtsgleichheit (Gleichheit vor dem Gesetz). In bezug auf sein Verhältnis zur Gerechtigkeit wird der Begriff Gleichheit in doppelter Bedeutung gebraucht: einmal in weiterem Sinne als Strukturelement oder auch Funktion der Gerechtigkeit schlechthin, zum anderen in engerem Sinne als ein der Gerechtigkeit entspringender Maßstab für die Gestaltung von Rechtsbeziehungen.

Der weitere Gleichheitsbegriff geht auf Aristoteles zurück. Alles Ungerechte verletzt nach ihm die Gleichheit; das Gerechte ist das der Gleichheit Entsprechende, Gerechtigkeit ein Mittleres zwischen Extremen, das Gleiche zwischen Ungleichem[4]). Für Thomas v. Aquin hat die Gerechtigkeit eine Gleichheit zum Inhalt, eine Angemessenheit[5]), d. h. die Ausgewogenheit eines in sich richtigen Gleichmaßes zwischen verschiedenen Kräften oder Beziehungen der Menschen[6]). Der Name Gerechtigkeit bedeute Gleichheit[7]). Dazu ein Beispiel: Ein Steuergesetz belastet seine

[1]) Ein der Deutlichkeit halber stark vereinfachtes Beispiel für eine solche Abstraktionskette: eine Sondersteuer wird erhoben von den Ministern — den höheren Beamten — allen im öffentlichen Dienst Beschäftigten — allen Berufstätigen — von allen Staatsbürgern. Zuletzt ist die Staatsangehörigkeit das allein erhebliche Merkmal, alle anderen Unterschiede bleiben unbeachtet.

[2]) Vgl. hierzu und im folgenden Hesse, a. a. O., S. 177f.

[3]) Man denke z. B. einerseits an das Wahlrecht in der modernen Demokratie und andererseits an eine progressive Einkommenbesteuerung.

[4]) Aristoteles, Nikom. Ethik 5, 6, a. a. O., 1131 a 13: Τὸ δίκαιον ἴσον . . . ἐπεὶ δὲ τὸ ἴσον μέσον, τὸ δίκαιον μέσον τι ἂν εἴη.

[5]) Vgl. auch Briner, a. a. O., S. 21.

[6]) Thomas v. Aquin, Summa theologiae II, II, 57, 1 co: „Iustitia importat enim aequalitatem quandam ut ipsum nomen demonstrat: dicuntur enim vulgariter ea quae adaequantur iustari. Aequalitas autem ad alterum est."

[7]) Ders., S. th. II, II, 58, 2 co: „Cum nomen iustitiae aequalitatem importat, ex suo ratione iustitia habet quod sit ad alterum. Nihil enim est sibi aequale, sed alteri!"

Adressaten zwar im Verhältnis ihrer Leistungsfähigkeit, aber bürdet ihnen an sich zu hohe Steuerlasten (etwa 60—90 % des Einkommens) auf. Ein solches Gesetz wäre ungerecht, weil kein angemessenes Verhältnis, keine Gleichheit bestünde zwischen einer im Interesse des Gemeinwohls notwendigen Besteuerung und den Steuerforderungen des Staates. Gleichwohl sind die Steuerzahler aber relativ gleich stark beansprucht.

Der Begriff der (Rechts-)Gleichheit im eigentlichen Sinn richtet sich auf eine gleichmäßige[1]) Behandlung der Untertanen durch die öffentliche Gewalt. Mögen die auferlegten Pflichten an sich zu groß oder zu gering sein, wenn nur alle gleich davon betroffen werden! Im gegebenen Beispiel verletzt das Steuergesetz die Gleichheit in diesem Sinne nicht; dennoch ist es ungerecht. Nur so kann aber Gleichheit im Sinne des Gleichheitssatzes verstanden werden; gemeint ist immer nur das Verhältnis, in dem die einzelnen Bürger durch die Staatsgewalt begünstigt oder belastet werden. Gleichheit, so verstanden, ist eine partielle Konkretisierung der Gerechtigkeit, nicht die Gerechtigkeit selbst.

Das hat wichtige Konsequenzen: Vom Begriff der Rechtsgleichheit[2]) her ermöglicht der Gleichheitssatz nicht die Berufung auf das „richtige" Recht und damit eine Überprüfung von Legislativ- oder Exekutivakten am Maßstab der Gerechtigkeit. Damit ist nicht gesagt, daß eine Gleichheitsprüfung ohne Orientierung an der Gerechtigkeit bleiben soll. Durch den Rekurs auf die Gerechtigkeit bei der Inhaltsbestimmung des Gleichheitssatzes wird nicht der Umfang möglicher Gleichheitsverletzungen ins Uferlose erweitert, sondern deren Inhalt qualifiziert, weil objektiviert.

II. Die Gesichtspunkte für die Gleichbehandlung

Die entscheidende Frage für die Inhaltsbestimmung des Gleichheitssatzes ist die nach gültigen Gesichtspunkten für die Gleich- bzw. Ungleichsetzung. Wenn es tatsächliche Gleichheit immer nur „hinsichtlich bestimmter Merkmale" gibt, so gilt es, deren Relevanz für bestimmte Rechtsfolgen zu untersuchen[3]). Dafür läßt sich kein generelles Rezept[4]) entwerfen. Jede einzelne Gleichheitsprüfung sollte sich auf den Zweck

---

[1]) Denn was bedeutet das richtig verstandene Gebot, Gleiches gleich zu behandeln usw. anders als die Verpflichtung, nach gleichem Maßstab zu messen?

[2]) Über die Ausweitung dieses Begriffes in der Schweizer Verfassungspraxis vgl. Aldag, a. a. O., S. 37.

[3]) Nun hat das Grundgesetz in bestimmten Artikeln (vgl. S. 35, Note 7) verschiedene Gleichsetzungen geboten und gewisse Diskriminierungen schlechthin untersagt. Insofern sind alle Träger öffentlicher Gewalt gebunden, und es entstehen keine Auslegungsschwierigkeiten.

[4]) Die Naturrechtslehrer des 17. und 18. Jahrhunderts glaubten irrtümlich, konkrete Verpflichtungen aus der Gerechtigkeitsidee für alle Zeiten ableiten zu können und übersahen die Dynamik des gesellschaftlichen Lebens

(in der vertikalen Ebene) und die Durchführung (in der horizontalen Ebene) einer Regelung oder Maßnahme beziehen.

1. Gleichheitssatz und Finalität

Wird in einem konkreten Falle die Bevorzugung oder Benachteiligung einzelner oder einer bestimmten Gruppe bezweckt, so ist diese Zwecksetzung auf ihre Zulässigkeit am Maßstab der auf das Gemeinwohl zielenden legalen Gerechtigkeit[1]) zu messen[2]), nicht aber der Zweck des Gesetzes im übrigen; das wäre die hier abgelehnte allgemeine Gerechtigkeitsprüfung.

Gemeinwohl ist ein so komplexer Begriff, daß er bisher keine befriedigende wissenschaftliche Definition gefunden hat. Man muß sich darauf beschränken, positive und negative Merkmale anzuführen, um den Begriffsinhalt von verschiedenen Seiten her anzugehen. Das bonum commune darf sicher nicht im Sinne eines materiellen Wohlstandes verstanden werden, auch nicht nur als ein Mittel zum Wohl der einzelnen. Das Gemeinwohl verlangt äußere und innere (soziale) Befriedung, Sicherung der materiellen Existenz der Glieder. Es ist verwirklicht, wenn die Bürger auch ihre ideellen Bedürfnisse befriedigen und die letzte Entfaltung ihres geistig-sittlichen Wesens erreichen können. — Aber auch, was dem Bestand und Fortschritt des Volkes dient, was auf nationale Selbstbehauptung, auf Wahrung und Entfaltung der Kultur zielt, fördert das Gemeinwohl. So begreift es z. B. auch Rechtssicherheit und Praktikabilität der Gesetze in sich. Rümelin hat zutreffend darauf hingewiesen[3]), daß der Gesetzgeber Gleichsetzungen und Unterscheidungen auf die Gerechtigkeitsprinzipien der justitia commutativa und distributiva allein nicht gründen könne, sondern vorab die Staatsnotwendigkeiten beachten müsse. Sie stellen oft das „objektiv wertvollere Interesse" dar und gehen daher den kollidierenden Einzelinteressen gerechterweise vor[4]).

---

[1]) Der Begriff findet sich bei Thomas v. Aquin, S. th. II, II, 58, 7 ad 1: „Iustitia legalis sufficienter quidem ordinat homines in his qua sunt ad alterum, quantum ad commune quidem bonum immediate, quantum ad bonum unius singularis mediate . . ."

[2]) Mittelbar ist sie freilich auch auf das Wohl der einzelnen hingeordnet; denn das wahre und beständige Wohl der einzelnen ist nur erreichbar, wenn zuvor die Gemeinschaft sich in einem guten Zustand befindet. Weil der Staat mehr ist als die Summe seiner Glieder, ist auch das Wohl des Staatsganzen qualitativ etwas anderes als das größte Glück der größten Zahl.

[3]) Vgl. Rümelin, a. a. O., S. 51—53 u. 58.

[4]) Nach Hans J. Wolff, Die Gerechtigkeit als principium iuris, in Festschrift für Wilhelm Sauer, Berlin 1949, S. 113 ist der Inhalt des Gerechtigkeitsgebotes, auf die Verfolgung eigener Interessen insoweit zu verzichten, als dadurch die Befriedigung objektiv wertvollerer Interessen anderer vereitelt wird. Wie das „suum" in der scholastischen Definition der Gerechtigkeit, so läßt sich auch ein objektiv höherwertiges Interesse nur aus der Einsicht in das Wesen des Menschen und seiner Gemeinschaft(en) bestimmen.

2. Gleichheitssatz und Modalität

Verletzt der Zweck[1]) den Gleichheitssatz nicht (wie in aller Regel), so stellt sich vom Gleichheitssatz her die Frage, ob Gesetz oder Maßnahme gerecht differenzieren.

Da gebietet Art. 3 Abs. 1, unter dem Gesichtspunkt der Rechtsfolge den Umfang des Tatbestandes bzw. den Kreis der betroffenen Rechtssubjekte (oder Verhältnisse) zu überprüfen und mit den nicht mehr unter das Gesetz bzw. die Maßnahme fallenden Personen (oder Verhältnissen) zu vergleichen[2]). Zwischen beiden Gruppen werden sich gemeinsame und fremde Merkmale finden. Von ihnen sollen jene den Ausschlag für Gleich- oder Ungleichbehandlung geben, die für die betreffende Rechtsfolge wesentlich, d. h. ihr innerlich adäquat sind[3]). Diese wertende Abwägung geschieht unter Berücksichtigung der auf das wohlverstandene Einzelwohl ausgerichteten austeilenden Gerechtigkeit; ihr Maßstab ist die geometrische Gleichheit, die je nach der „Natur der Sache" eine mehr schematische oder eine mehr proportionale Zuteilung verlangt[4]).

Dazu kurz ein Beispiel: Der Bundestag hat die Einführung der allgemeinen Wehrpflicht beschlossen und erwägt, die Bergleute davon auszunehmen. Dieses Gesetz (gemeint ist das die Bergleute vom Wehrdienst freistellende Gesetz) bezweckt zweifellos eine Bevorzugung. Kann es vor der Gemeinwohlgerechtigkeit bestehen[5]) ?

Bejaht man das, dann wäre das „wie", die Differenzierungen in der Regelung am Gleichheitssatz zu messen. Dabei ist dann der Zweck des Gesetzes mit den möglichen Unterscheidungsmerkmalen zu korrelieren. Diese sind z. B.: Alter, Familienstand, Kinderzahl, Beschäftigungsart (untertage — als Hauer, als Schlepper usw. — oder übertage — als kaufmännischer Angestellter, als Kantinenwirt, Pförtner usw.). Im Hinblick auf den Gesetzeszweck und die Geeignetheit der Mittel, ihn zu erreichen, lassen sich dann die „angemessenen, gerechten" Differenzierungen ermitteln und nötigenfalls auch überprüfen.

---

[1]) Vgl. hierzu jedoch S. 48, Note 5.

[2]) Dabei denkt man sich zweckmäßig die einzelnen Merkmale der Reihe nach fort und korreliert dann jedesmal mit der Rechtsfolge, bis das entscheidende Merkmal gefunden ist, das eine Differenzierung verlangt, rechtfertigt oder verbietet. Läßt sich ein Merkmal nicht wegdenken, ohne daß zugleich die Rechtsfolge sinnwidrig oder zweckentfremdet wird, so ist das Merkmal ihr „adäquat".

[3]) Ähnlich Hans J. Wolff, Verwaltungsrecht I, S. 274: Ein Verstoß gegen den Gleichheitsgrundsatz wird „dann zu bejahen sein, wenn die Rechtsfolge nicht geknüpft ist an ein essentiale des Interessengegenstandes, das dessen objektiven Wert bestimmt, sondern an ein dafür unwesentliches Akzidenz, so daß nicht sämtliche Träger gleicher Interessen betroffen werden, sondern diejenigen, bei denen die besonderen akzidentellen Momente gegeben sind." — Vgl. ebenda die Beispiele und Literaturhinweise zur Rechtsprechung um die Enteignung.

[4]) Vgl. Briner, a. a. O., S. 22.

[5]) Das Gemeininteresse könnte z. B. entweder in einer Anerkennung der für die Gemeinschaft geleisteten, unverhältnismäßig gefährlichen oder schweren Dienste liegen — oder die Sicherung der Kohlenversorgung in der Zukunft zum Inhalt haben.

III. Inhaltsbestimmung

Art. 3 I enthält das an die Träger öffentlicher Gewalt gerichtete Gebot, alle Menschen (und die ihnen insoweit gleichgestellten Rechtssubjekte) in dem Sinne gleich zu behandeln, daß jede rechtliche Differenzierung und Nicht-Differenzierung unter dem Gesichtspunkt der Gemeinwohlgerechtigkeit (im Hinblick auf ihren Zweck) oder der austeilenden Gerechtigkeit (im Hinblick auf die Weise, ihren Zweck zu erreichen) ihre Rechtfertigung findet, oder, um mit Nelson[1]) zu sprechen, daß jede durch die numerische Bestimmtheit der einzelnen Person bedingte Bevorzugung und Benachteiligung unterbleibt.

Damit erscheint die geometrische Gleichheit als allein zulässiger Maßstab im Sinne des Gleichheitssatzes, und es ist in das an der (erkennbaren!) Gerechtigkeit orientierte Ermessen der Träger öffentlicher Gewalt gestellt, welches Maß der Abstraktion bei einer Regelung erlaubt oder geboten ist, mit anderen Worten, welche Ausgestaltung der geometrischen Gleichheit sie verlangt: eine mehr schematische oder mehr proportionale Gleichheit, wobei die Grenze fließend ist.

Der neben einer verfassunggestaltenden Grundentscheidung primär in Art. 3 I enthaltene „Gleichheitsgrundsatz" stellt sich somit als Ableitung aus dem Prinzip der Gerechtigkeit dar im Hinblick auf die Verteilung der Vorzüge (Güter) und Nachteile (Lasten) durch eine Gemeinschaft gegenüber ihren Gliedern[2]).

---

[1]) Vgl. Leonard Nelson, a. a. O., S. 80f. „Die Personen als solche sind gleich: d. h. es muß für jede rechtlich mögliche Bevorzugung ein Grund in der qualitativen Verschiedenheit der Lage des einen und anderen vorliegen... Wenn man von diesem qualitativen Unterschied abstrahiert, ist keine Person vor der anderen bevorzugt." Soweit Nelson freilich die „persönliche Rechtsgleichheit" mit der Gerechtigkeit identifiziert, kann ihm nicht gefolgt werden. Vgl. oben S. 70f.

[2]) Vgl. Hans J. Wolff, Rechtsgrundsätze, S. 37.

Dritter Abschnitt

Die Anwendbarkeit des Gleichheitssatzes

Die dritte Frage des Richters bezüglich des Gleichheitssatzes bezieht sich auf die „Anwendbarkeit“ von Art. 3 I. Der Vorgang dieser „Anwendung“ des Gleichheitssatzes ist zunächst ohne Wertung zu beschreiben (§ 6) und dann einer der materiellen Staatstätigkeiten innerhalb des Systems der Gewaltengliederung zuzuordnen (§ 7).

§ 6: Methode der Anwendung des Gleichheitssatzes

Um einen Vergleich zu ermöglichen, ist erst die Methode der richterlichen Rechtsanwendung im allgemeinen zu beschreiben (I) und daraufhin die Möglichkeit einer „Anwendung“ des Gleichheitssatzes durch den Richter zu untersuchen (II).

I. Zur Methode der Rechtsanwendung im allgemeinen

Gewöhnlich wird die Rechtsanwendung durch den Richter als Subsumtion eines konkreten Sachverhaltes unter einen generellen Tatbestand bezeichnet; Obersatz dieses Syllogismus sei die Rechtsnorm, Untersatz der Sachverhalt und die conclusio das Urteil[1]). Ein logischer Schluß ist nur dann richtig, wenn der Obersatz die conclusio bereits potentiell enthält. Ebenso beim Urteil; es „steckt“ schon in der Norm; der Richter muß es durch einen „rationalen Erkenntnisvorgang“ aus ihr „herausholen“. Das kann er aber nur auf diese Weise (ableitend), wenn das Urteil im Gesetz bereits (für jedermann) meßbar und nachprüfbar enthalten ist[2]); denn nur dann geschieht die Urteilsbildung rational.

Allerdings kann Rechtsanwendung nicht ohne Wertungen und ohne willentliches, „dezisionistisches“ Element geschehen[3]); aber es ist zu unterscheiden zwischen den — im Rahmen der Rechtsanwendung notwendigen — richterlichen Wertungen und den generellen Wertungen, die im Gesetz selbst ihren Ausdruck gefunden haben und an die der Richter gebunden ist, denen er einen Sachverhalt einzuordnen hat[4]). Wie sehr der Richter auf erstere angewiesen ist, zeigt ein Blick auf das Zu-

[1]) Vgl. für viele: Hans Nawiasky, Rechtslehre, S. 122 und Josef Esser, Einführung in die Grundbegriffe des Rechtes und Staates, Wien 1949, S. 177.

[2]) Vgl. Carl Schmitt, Der Hüter der Verfassung, Tübingen 1931, S. 38f.

[3]) Vgl. ebenda S. 45f.

[4]) Vgl. Harry Westermann, Wesen und Grenzen der richterlichen Streitentscheidung im Zivilrecht, Münster 1955, S. 12.

standekommen des logischen Schlusses, mit Hilfe dessen ein konkretes Sollensurteil aus dem Gesetz (im materiellen Sinne) hergeleitet wird. Die Subsumtion selbst ist ja nur der letzte Schritt der richterlichen Urteilsfindung; die eigentliche schöpferische Aufgabe des Richters ist es, die beiden Prämissen aufzustellen[1]).

1. Der Obersatz

Genau betrachtet ist selten der gesetzliche Tatbestand selbst die erste Prämisse; der für die Ableitung eines konkreten Sollensurteils geeignete Obersatz, also ein Mittelglied zwischen Gesetz und Urteil, muß meistens erst mittels eines logischen Schlusses gewonnen werden. Bei diesem Schluß ist das im Gesetz unmittelbar enthaltene generelle Sollensurteil Obersatz, die Subordination speziellerer Fallgruppen unter die Tatbestandsmerkmale des Obersatzes die zweite Prämisse und das zur Anwendung auf den konkreten Fall (oder zum Vergleich mit der fraglichen Norm) geeignete speziellere Sollensurteil die conclusio[2]).

Zur „Konkretisierung" des Sollensurteils — oder zur Bildung der „individuellen Norm"[3]) sind häufig mehrere Rechtssätze heranzuziehen; auch bedarf mitunter neben der Tatbestandsseite eines Rechtssatzes dessen Rechtsfolgeseite einer näheren Bestimmung.

Um einen solchen Obersatz in dieser Weise ableiten zu können, braucht der Richter für jeden zu entscheidenden Fall einen genügend konkreten — sei es geschriebenen, sei es ungeschriebenen — Rechtssatz als Ausgangspunkt, der einen bestimmten Tatbestand mit einer bestimmten Rechtsfolge verbindet[4]); andernfalls kann man nicht mehr von einer meß- und berechenbaren Ableitung sprechen. Gewiß erfordert jede Typisierung und Abstraktion die Verwendung mehr oder weniger inhaltsarmer (und daher umfangreicher) Begriffe; aber der Rechtssatz muß jedenfalls so bestimmt sein, daß sich aus der ihm zugrunde liegenden Norm für jeden Anwendungsfall (nur) ein berechenbares Sollensurteil gewinnen läßt[5]).

2. Subsumtion des Untersatzes.

Die Aufstellung des Untersatzes birgt die Hauptprobleme der Rechtsanwendung. Der Richter bildet sich zunächst einen (Individual-)Begriff von dem zu beurteilenden konkreten Ereignis und stellt weiter (notfalls

[1]) Vgl. dazu Karl Engisch, Logische Studien zur Gesetzesanwendung, Heidelberg 1943, S. 13—37.

[2]) Sinngemäß zitiert nach Engisch, a. a. O., S. 17.

[3]) So Nawiasky, Rechtslehre, S. 123.

[4]) Etwa im Sinn eines hypothetischen Urteils: „Wenn (von einem Subjekt) ein bestimmter Tatbestand erfüllt ist, so soll (von demselben oder einem anderen Subjekt) eine gewisse Rechtsfolge gesetzt werden." Vgl. Hans J. Wolff, Der Unterschied zwischen öffentlichem und privatem Recht, in AöR Bd. 76 (1950/51), S. 205 bis 217 (208).

[5]) Ähnlich Hans J. Wolff, Rechtsgrundsätze, a. a. O., S. 43.

durch Beweiserhebung) fest, daß dieser Sachverhalt sich tatsächlich zugetragen hat[1]). Dann folgt die Subsumtion, die eine Gleichsetzung des Sachverhaltes mit den aus dem Tatbestand ermittelten Falltypen bedeutet. Dabei wird die Gleichartigkeit niemals total sein, sondern „in einzelnen (wesentlichen) Beziehungen" bestehen[2]). Der Gesichtspunkt der Vergleichung muß die die Rechtsfolge bedingenden Tatbestandsmerkmale erfassen, und nur in bezug auf diesen Gesichtspunkt kann die „Übereinstimmung" mit dem Tatbestand behauptet werden. Auf Grund dieser Gegenüberstellung und Gleichsetzung wird schließlich die in dem generellen Sollensurteil enthaltene Rechtsfolge in das konkrete Sollensurteil aufgenommen.

Es erhebt sich nun die Frage, ob ebenso wie ein konkreter Sachverhalt auch eine generelle unterrangige Norm Inhalt des Untersatzes sein kann.

Eine eigentliche Subsumtion liegt allerdings nur vor, wenn der Richter einen Rechtssatz auf einen Sachverhalt anwendet. Überprüft er dagegen einen niederrangigen Rechtssatz an einem anderen höherrangigen Rechtssatz, so tut er etwas anderes. Denn dabei werden, worauf Carl Schmitt hingewiesen hat[3]), generelle Regeln miteinander verglichen und die Vereinbarkeit oder der Widerspruch ihres normativen Inhaltes festgestellt. Es ist logisch nicht möglich, die generellen Begriffe des einen Rechtssatzes unter den generellen Tatbestand des anderen zu subsumieren[4]). Nur etwas Seinsmäßiges kann einem Normativen unterfallen, und nur im Hinblick auf ein seinsmäßiges Verhalten kann eine Norm angewandt werden. Normen untereinander werden, weil sie auf der gleichen Ebene liegen, stets miteinander verglichen. Um eine Subsumtion würde es sich nur handeln, wenn der Richter das tatsächliche Verhalten des Gesetzgebers, etwa den Akt der Gesetzesberatung und des Gesetzesbeschlusses auf einen Verstoß gegen Gebote oder Verbote der Verfassung prüfen würde.

II. Zur Anwendung des Gleichheitssatzes im besonderen

1. Die rechtslogische Struktur des Gleichheitssatzes

An erster Stelle ist zu fragen, ob Art. 3 I GG ein Rechtssatz in dem oben geschilderten Sinn, also stets unmittelbarer Anwendung auf einen Sachverhalt oder fruchtbarer Vergleichung mit einem generellen Tatbestand fähig ist.

---

[1]) Zu dieser Feststellung gelangt der Richter sehr häufig nur durch Wertung und Willensakt.

[2]) Vgl. Engisch, a. a. O., S. 30. Die richtigen Gesichtspunkte der Gleichsetzung zu finden, ist wiederum schöpferische Aufgabe des Richters.

[3]) Vgl. Hüter der Verfassung, a. a. O., S. 42. — Zwar wird hier wie dort verglichen; dennoch sind beide Vorgänge strukturell verschieden: hier wird verglichen, gleichgesetzt und eingeordnet (subsumiert), dort bleibt es bei einem Vergleich zweier genereller Wertungen, der ganz anderer Art ist.

[4]) Anderer Ansicht Harry Westermann, a. a. O. (Rechtsgutachten), S. 21.

Dazu ist eine inhaltliche Präzision erforderlich, d. h. Tatbestand und Rechtsfolge müssen so bestimmt umschrieben sein, daß daraus eine Entscheidungsnorm für gegenseitiges menschliches Verhalten entnommen werden kann[1]). Es wird eine Rechtsgewißheit verlangt, die auf Grund der inhaltlichen Entschiedenheit (Sinngewißheit) des Norminhaltes eine berechenbare Anwendung gestattet.

Der Bereich solcher Justitiabilität ist nun nicht abstrakt festzulegen[2]). Er wird in kontinentalen Rechtsordnungen enger sein als in den angelsächsischen. Namentlich die überkommenen Rechtsvorstellungen des deutschen Richtertums gehen dahin, daß der Gesetzgeber die positive Rechtsordnung (der Idee nach lückenlos) bestimmt und dem Richter generell werthafte Entscheidungen abnimmt[3]).

Jedenfalls aber fehlt dem Gleichheitssatz des Art. 3 I GG jene inhaltliche Präzision und Sinnbestimmtheit, die eine unmittelbare Anwendung in berechenbarer Weise gestattet. Wiewohl keine richterliche Entscheidung dem Gleichheitssatz widersprechen darf, so kann doch kein Richter allein auf Grund des Gleichheitssatzes einen Streitfall entscheiden oder die Übereinstimmung eines Rechtssatzes mit dem Gleichheitssatz feststellen.

Er muß zunächst den Gleichheitssatz zu inhaltsgewissen und sinnbestimmten (d. h. justitiablen) Rechtssätzen konkretisieren, unter die dann der Sachverhalt im üblichen Verfahren subsumiert bzw. mit denen der zu prüfende Rechtssatz verglichen werden kann. Denn nur solche Rechtssätze (im rechtslogischen Sinn) können direkter Ausgangspunkt einer rationalen und zu sicheren Ergebnissen führenden Rechtsanwendung sein[4]).

So ergibt sich die Frage, ob diese Rechtssätze selbst rational aus dem Gleichheitssatz abgeleitet oder aber nur mittels wertender und gestaltender Entscheidungen aus ihm gewonnen werden können.

Überprüft man daraufhin den Inhalt von Art. 3 I GG, so ergibt sich folgendes:

Sicher sind „durchsichtige" Interessenlagen denkbar[5]), die im Rahmen einer Ableitung aus dem Gleichheitssatz direkt beurteilt werden können. In diesen Fällen läßt sich der Obersatz für die Subsumtion eindeutig gewinnen, d. h. die Subordination speziellerer Fallgruppen ergibt sich konsekutiv aus dem Grundsatz, bedarf also keiner besonderen schöpfe-

[1]) Vgl. Hermann Heller, Die Souveränität, Berlin und Leipzig 1927, S. 47 bis 58. — Analoges gilt wieder für den Normenvergleich.

[2]) Vgl. Carl Schmitt, in HDStR II, S. 599.

[3]) Vgl. Hermann Weinkauff, Richtertum und Rechtsfindung in Deutschland, Tübingen 1952, S. 23 und 31 und besonders Hans Huber, a. a. O., S. 17—19.

[4]) Das Verfahren dieser Rechtssatzgewinnung wird unten unter 3 noch näher erläutert.

[5]) Vornehmlich finden sich solche allerdings in den Lehrbüchern. Als Beispiel ein praktischer Fall aus den letzten Jahren: Das österr. Gesetz über die fortdauernde Zwangsverwaltung des Vermögens des Fürsten Rüdiger Starhemberg.

rischen Dezision. Der Gesetzgeber könnte einen subsumtionsfähigen Obersatz nicht anders formulieren, ohne den Gleichheitssatz zu verletzen.

In der überwiegenden Mehrzahl der Fälle dagegen sind die Interessenlagen vielschichtig[1]). Im Wege rationaler Ableitung läßt sich dann allenfalls ein gewisser Rahmen, weiter oder enger, feststellen, innerhalb dessen mehrere, inhaltlich verschiedene (Regelungen und damit) Rechtssätze möglich sind. Eine Subsumtionsnorm ableiten kann der Richter in diesen Fällen aus dem Gleichheitssatz nicht[2]). — Ähnliches gilt für die Normenkontrolle, wo bereits eine konkretere Interessenabwägung vorliegt. Auch für deren Überprüfung lassen sich dem Gleichheitssatz nicht immer sichere Maßstäbe entnehmen, die ein eindeutiges Ergebnis in Aussicht stellen[3]).

Der inhaltsgewisse Rechtssatz, der Voraussetzung der Subsumtion bzw. des Vergleiches ist, kann dann seinen nächsten Grund nur in einer — freilich nicht willkürlichen, sondern an einen Rahmen gebundenen — autoritativen Setzung haben. Die Anwendung des Gleichheitssatzes ist in diesem Bereich nicht möglich ohne das Dazwischentreten einer gestaltenden mehr oder minder schöpferischen Entscheidung, die mit Interpretation oder Ausdeutung nichts mehr zu tun hat, die mehr Sinngebung als Sinndeutung ist[4]).

Der Gleichheitssatz ist also rechtslogisch ein „Grundsatz", der nur sehr selten einer rationalen, d. h. rein rechtsanwendenden Konkretisierung fähig, im übrigen aber einer „willentlich wertenden Individualisierung" bedürftig[5]) ist, um dem Richter eine „rechtsanwendende" Entscheidung mit eindeutigem Ergebnis zu ermöglichen[6]).

2. Die Voraussetzung für die Anwendung des Gleichheitssatzes

Ungeachtet des hohen Ranges, der Art. 3 I GG als Rechtsgrundsatz zukommt, ist er wegen der Notwendigkeit, seinen Inhalt erst mittelbar

---

[1]) Z. B. ein Land gibt Aufbaudarlehn nur an Grundstückseigentümer; daraufhin beschwert sich ein Heimatvertriebener.

[2]) Das verdeutlicht sich an dem oben S. 72 angeführten Beispiel. Eine Verfassungsbestimmung besagt, daß Bergleute vom Wehrdienst befreit sind. In „Anwendung" dieser Bestimmung kann ein Gericht nicht entscheiden, ob die Einberufung eines Elektrikers im Bergbau gerechtfertigt ist.

[3]) Man wandele obiges Beispiel dahin ab, daß der Gesetzgeber eine bestimmte Grenzziehung getroffen hat und diese nun auf ihre Übereinstimmung mit dem Grundsatz zu überprüfen ist.

[4]) Vgl. zum Ganzen auch Hans J. Wolff, Rechtsgrundsätze, a. a. O., S. 45ff. u. H. Huber, a. a. O., S. 18, der von rechtsschöpferischer Konkretisierung spricht.

[5]) Vgl. Heller, Die Souveränität, a. a. O., S. 50 u. H. Huber, ebenda.

[6]) Mit der Rechtssatzqualität ist Art. 3 I GG nur die technische Präzision abgesprochen, nicht dagegen die Zugehörigkeit zum positiven Recht. Auch abgesehen von seiner Fixierung im Grundgesetz kommt dem Gleichheitsgrundsatz als Rechtsgrundsatz nicht nur sittliche, sondern auch rechtliche Geltung zu. Das wird verkannt von Heller, Staatslehre, Leiden 1934, S. 222f., wie auch von Friedrich Julius Stahl, Rechts- und Staatslehre, 1. Abt., 2. Aufl., Heidelberg 1845, S. 179ff.

zu erschließen, eine subsidiäre Rechtsquelle[1]). Bevor der Richter eine Ableitung aus dem Gleichheitssatz versucht, muß er vergeblich nach Rechtssätzen Ausschau gehalten haben, die eine Entscheidung ermöglichen[2]).

Er wird zunächst prüfen, ob eine sog. „Nichtgleichheitsvorschrift", also z. B. ein spezieller Rechtssatz aus dem Verwaltungsrecht anwendbar ist. Dann folgen die speziellen Gleichheitsartikel des Grundgesetzes[3]) und schließlich die Differenzierungsverbote der Absätze 3 und 2[4]) des Art. 3[5]). Nicht zu vergessen ist die Prüfung, ob sich ein anwendbarer Gewohnheitsrechtssatz finden läßt[6]).

Ergibt sich daraus kein anwendbarer Rechtssatz, so hat der Richter im Wege der Analogie einen solchen zu ermitteln[7]); er muß also versuchen, die Rechtsfolge einem Rechtssatz mit gleicher Interessenlage zu entnehmen[8]). Dazu „ist es erforderlich, auf der Tatbestandsseite alle nur tatbestandsbedingenden Momente auf ihre einfachste abstrakteste Form zurückzuführen und die Rechtsfolgeseiten von allen allein dadurch bedingten Momenten zu lösen" [9]).

Erst wenn auch eine Analogie nicht möglich ist, kommt die „Anwendung" des Gleichheitssatzes in Frage.

3. Das Verfahren bei der Anwendung des Gleichheitssatzes

Hier gilt es zu unterscheiden zwischen der „Subsumtion" eines Sachverhaltes unter den Gleichheitssatz und dem qualitativ verschiedenen[10]) „Vergleich" eines generellen Tatbestandes mit Art. 3 I GG.

Für die Subsumtion eines Sachverhaltes benötigt der Richter einen Obersatz, den er — in aller Regel — nur einem Rechtssatz entnehmen

---

[1]) Vgl. Hans J. Wolff, Rechtsgrundsätze, a. a. O., S. 47.

[2]) Vgl. v. Mangoldt-Klein, a. a. O., Anm. III 4c zu Art. 3 und Ipsen, a. a. O., S. 190.

[3]) Vgl. S. 35 Note 7.

[4]) Entgegen der herrschenden Meinung (vgl. für viele v. Mangoldt-Klein, a. a. O., Anm. IV 2 zu Art. 3, Ipsen, a. a. O., S. 155) ist der Verfasser der Auffassung, daß sich Art. 3 II hinsichtlich seiner rechtslogischen Struktur von Abs. 1 nicht unterscheidet, also der Rechtssatzqualität entbehrt; trotzdem geht die Prüfung nach Abs. 2 aber der nach Abs. 1 vor.

[5]) Die weiter bei v. Mangoldt-Klein, a. a. O., Anm. III 4 c (3 b) zu Art. 3 geforderte Berücksichtigung „gleichheitsbezogener Teilinhalte bestimmter Organisationsprinzipien" kann unterbleiben, da sie mit Art. 3 I nichts zu tun hat. Vgl. dazu oben S. 27 und S. 60, Note 4.

[6]) Vgl. dazu oben S. 22—25.

[7]) Vgl. Menger, a. a. O., S. 70—74.

[8]) Das wird z. B. bei den meisten — rechtslogisch mit dem Gleichheitssatz auf einer Stufe stehenden — Generalklauseln des Zivilrechts möglich sein, weil sich in einem so weitgehend normierten Rechtsgebiet für die meisten typischen Interessenlagen bereits gesetzliche Wertungen finden; schwieriger freilich im öffentlichen Recht.

[9]) So Menger, a. a. O., S. 72.

[10]) Vgl. Carl Schmitt, Hüter, S. 42.

kann. Daher vollzieht sich die „Anwendung" des Gleichheitssatzes auf einen Sachverhalt in zwei Schritten: Erstens in der gedanklichen Bildung eines dem Gleichheitssatz (mindestens) konsonanten Rechtssatzes, zweitens in der Subsumtion des Sachverhaltes unter einen aus diesem Rechtssatz abgeleiteten Obersatz, deren Vorgang bereits oben[1]) beschrieben wurde.

Bei der Ermittlung dieses Rechtssatzes wird also ein generelles Sollensurteil gesucht. Der Richter bildet daher zunächst keine Individualnorm, sondern (stellvertretend für den Gesetzgeber) einen generellen Tatbestand, der die für den Sachverhalt typische Fallgruppe deckt.

Dabei muß er gedanklich von dem gegebenen Sachverhalt ausgehen und diesen in seinen typischen Merkmalen bestimmen. Diesen typisierten Sachverhalt ordnet er in einem weiteren Abstraktionsprozeß der typischen Fallgruppe zu und gelangt so zu dem „besonders typischen Sachverhalt", der zwar durch spezielle Interessenlage und besondere Umstände charakterisiert, von der Individualität des konkreten Sachverhalts jedoch losgelöst ist.

Im Hinblick auf diesen besonders typischen Sachverhalt sucht er aus dem Gleichheitssatz einen Rechtssatz zu gewinnen, dem die ganze Fallgruppe unterfällt. Das geschieht, wie oben dargelegt, selten im Wege rationaler Ableitung, meist durch eine rechtsschöpferische Entscheidung zwischen mehreren Möglichkeiten.

Der gedankliche Prozeß vollzieht sich also nicht etwa in der Folge Rechtsgrundsatz–Rechtssatz–Sachverhalt, sondern nach der Gleichung: Rechtsgrundsatz + besonders typischer Sachverhalt = Rechtssatz.

Da der so gewonnene Rechtssatz noch keine Individualnorm ist, sondern einen generellen Tatbestand enthält, bedarf er wiederum einer Konkretisierung[2]), um auf den Sachverhalt anwendbar zu sein.

Die Beschreibung des gedanklichen Prozesses bei der Gewinnung eines Rechtssatzes aus dem Gleichheitssatz mag auf den ersten Blick umständlich und überspitzt erscheinen, da der Richter erst abstrahieren soll (um den typischen und besonders typischen Sachverhalt zu ermitteln) und dann sogleich wieder zu konkretisieren hat (um den Rechtssatz und die Individualnorm zu erhalten). Doch nur auf diese Weise wird dem Erfordernis von Rechtssicherheit und Gerechtigkeit genügt. Denn wollte ein Richter eine auf den zur Entscheidung stehenden Sachverhalt speziell (und ausschließlich) zugeschnittene Norm gedanklich direkt aus dem Gleichheitssatz herleiten, so liefe er Gefahr, die konkrete Interessenlage, die oft sehr verschieden beurteilt werden kann, aus der Hierarchie der objektiven Interessen von einzelnem und Gemeinschaft zu isolieren und

---

[1]) Vgl. oben S. 76f.

[2]) Vgl. dazu oben S. 76, wo die Notwendigkeit und der Vorgang dieser Konkretisierung behandelt werden.

die Erfordernisse des Gemeinwohles unberücksichtigt zu lassen. Deswegen muß der Richter zur Entscheidung eines konkreten Falles an Hand von Art. 3 I GG zunächst „in Vertretung des Gesetzgebers" einen generellen Tatbestand rechtssatzmäßig formulieren.

Auf diese Weise kann der Gleichheitssatz allmählich durch richterliche „Rechtsfindung" inhaltlich konkretisiert werden. Die Rechtsprechung zu § 242 BGB wie auch zu dem in seiner rechtslogischen Struktur den Rechtsgrundsätzen verwandten § 14 PVG macht das deutlich. Sind eine Anzahl richtiger Rechtssätze aus ihm abgeleitet oder gewonnen worden, so liefern diese Anhaltspunkte für die Ermittlung weiterer. Im Wege des case-law kann so ein Rechtsgrundsatz in Rechtssätze umgeformt werden, ohne daß allerdings der jeweilige Bestand an Rechtssätzen erschöpfend oder verbindlich wäre, da neue Situationen und Interessenlagen auch neue Konkretisierungen erfordern. Einen Anhaltspunkt für diese Aufgabe könnte Art. 1 Abs. 2 und 3 des schweizerischen Zivilgesetzbuchs liefern: „Kann dem Gesetz keine Vorschrift entnommen werden, so soll der Richter nach Gewohnheitsrecht und, wo auch ein solches fehlt, nach der Regel entscheiden, die er als Gesetzgeber aufstellen würde. — Er folgt dabei bewährter Lehre und Überlieferung"[1]).

Der Richter fragt sich bei der Suche nach dem justitiablen Rechtssatz also, wie der Gesetzgeber angesichts des Gleichheitssatzes die fragliche Materie ordnen würde. Bei der dazu erforderlichen Interessenabwägung geht es demnach nicht um die sich im konkreten Streit gegenüberstehenden Interessen der Prozeßparteien, sondern um die für eine abstrakte Regelung maßgebenden Interessengegensätze[2]). Diese generelle Interessenlage ist dann mit dem Gleichheitssatz abzustimmen, wobei Gesichtspunkte des Gemeinwohls (der justitia legalis), der Rechtssicherheit, aber auch der Zweckmäßigkeit durchaus zu berücksichtigen sind. Natürlich wird sich der Richter dabei an den Grundwertungen in Verfassung und übriger Rechtsordnung zu orientieren haben[3]). Unter den so gedanklich gewonnenen Rechtssatz kann der Richter (nach Ableitung eines Obersatzes) den Sachverhalt subsumieren.

Bei dem Vergleich eines generellen Tatbestandes mit dem Gleichheitssatz ist zunächst die weite Gestaltungsfreiheit des Gesetzgebers ins Auge zu fassen. Die Gesichtspunkte für eine Differenzierung und das Maß der Abstraktion in einem Gesetz müssen letztlich am Gemeinwohl orientiert[4])

---

[1]) Vgl. dazu und im folgenden Arthur Meier-Hayoz, Der Richter als Gesetzgeber, Zürich 1951.

[2]) Dadurch unterscheidet sich dieser Vorgang von der sog. Lückenausfüllung, bei der der Richter nur den Einzelfall im Auge hat.

[3]) Darauf hat zutreffend hingewiesen Hans Huber, a. a. O., S. 18.

[4]) Vgl. Thomas von Aquin, S. th. I, II, 96, 1 co: „Finis autem legis est bonum commune. Unde oportet, leges humanae esse proportionatas ad bonum commune. Bonum commune autem constat ex multis. Et ideo oportet, quod lex ad multa respiciat . ."

sein. Dieses besteht aber aus vielen Komponenten, die zu überschauen und abzuwägen (theoretisch) nur der Gesetzgeber in der Lage ist. Daher hat der Richter unter allen Umständen diesen „Ermessensspielraum“ zu respektieren.

Für den Vergleich selbst gibt es kein logisches Verfahren; er hat sich auf die Finalität und Modalität einer Regelung zu erstrecken und vollzieht sich im einzelnen nach den oben entwickelten Gesichtspunkten[1]).

Die Gleichheitsprüfung eines Sachverhaltes endet mit einem den Einzelfall betreffenden konkreten Sollensurteil. Die Überprüfung eines Rechtssatzes am Gleichheitsgrundsatz im Verlauf eines Rechtsstreites (inzidente Normenkontrolle) führt bei Bejahung der Verfassungsmäßigkeit zu einem Urteil unter Anwendung der betreffenden Norm, bei Verneinung zu einem Urteil unter schlichter Außerachtlassung der Norm, sofern es sich nicht um ein nachkonstitutionelles formelles Gesetz[2]) handelt. Letzterenfalls ergeht ein Vorlagebeschluß gemäß Art. 100 I GG[3]). Dann entscheidet das BVerfG im Wege der selbständigen konkreten (im Falle des Art. 93 I 2 GG der selbständigen abstrakten) Normenkontrolle über die Vereinbarkeit dieser Norm mit Art. 3 I. Gleiches gilt, wenn eine Verfassungsbeschwerde gemäß Art. 93 II GG in Verbindung mit § 90 BVerfGG die Verletzung des Gleichheitssatzes durch ein Gesetz rügt. Die Entscheidung[4]) hat nach § 31 II[5]) BVerfGG Gesetzeskraft und ist im Bundesgesetzblatt zu veröffentlichen.

§ 7: Wesen und Aufgabe der Anwendung des Gleichheitssatzes

Nachdem das Vorgehen des Richters bei der „Anwendung“ des Gleichheitssatzes (seine Aufgabe im modalen Sinne) beschrieben ist, ist zu fragen, ob diese Tätigkeit im Hinblick auf die Theorie der Gewaltengliederung noch zu seiner eigentlichen Funktion, der Rechtsprechung (also seiner Aufgabe im materiellen Sinne) gehört (I.). Schließlich ist die Frage zu stellen, wie es im Hinblick auf die heutige Praxis der Gewaltengliederung zu beurteilen ist, daß die „Anwendung“ des Gleichheitssatzes (als Aufgabe im funktionellen Sinne) weitgehend dem Richter überlassen wird (II).

---

[1]) Vgl. oben S. 72f.

[2]) Vgl. oben S. 3, Noten 2 und 3.

[3]) Auf entsprechende Regelungen der Länderverfassungen braucht hier nicht eingegangen zu werden.

[4]) Die Streitfrage, ob nur der Tenor oder auch die tragenden Gründe des Urteils Gesetzeskraft erhalten, kann hier außer Betracht bleiben.

[5]) Diese Vorschrift nennt nicht die Verfassungsbeschwerde gegen ein Gesetz, muß aber m. E. auch für diesen Fall analog gelten.

I. Das Wesen der Anwendung des Gleichheitssatzes
(Im Hinblick auf die Theorie der Gewaltengliederung)

Es geht also um das Verhältnis von Gesetzgebung und Rechtsprechung im materiellen Sinn und den systematischen Ort für die „Anwendung“ des Gleichheitssatzes.

1. Zum Begriff der Rechtsprechung im materiellen Sinne

Gegenstand der Überlegung können nicht die in den letzten 150 Jahren entwickelten Begriffsbestimmungen von Gesetzgebung und Rechtsprechung sein; lediglich einige im Zusammenhang bedeutsame Begriffsmerkmale sollen herausgestellt werden.

Richtig und wichtig ist die Einsicht von Thoma, daß in jedem Akt der öffentlichen Gewalt irgendein Element aller drei Staatsfunktionen enthalten sei[1]), sofern man nur unter dem Gesichtspunkt der Modalität das für die Legislative Spezifische in der aus zulässigem Ermessen entspringenden Rechtsgestaltung, für die Exekutive in dem pflichtmäßigen Vollziehen und für die Rechtsprechung in der Entscheidung über die Anwendbarkeit einer allgemeinen Rechtsnorm auf den konkreten Fall sieht.

Man kann versuchen, das Unterscheidungskriterium primär formellen oder modalen, materiellen oder teleologischen Gesichtspunkten zu entnehmen; jede Definition oder Umschreibung entsteht aus mehreren Aspekten, und die Akzentuierung des einen oder anderen bringt die Unterschiede mit sich.

Ob man nun — um nur einige zu nennen — die Begriffsbestimmungen von Carl Schmitt[2]) oder Thoma[3]), Friesenhahn[4]) oder Menger[5]), Jahrreiss[6]) oder Wolff[7]) nimmt, immer werden zwei Kriterien genannt: Das erste betrifft den Ausgangspunkt der richterlichen Entscheidung, die Normengebundenheit —, das zweite deren Gegenstand, einen konkreten Sachverhalt[8]); das besagt kurz: Entscheidung eines Falles auf Grund eines Gesetzes[9]).

---

1) Richard Thoma, in HDStR II, S. 128.
2) Hüter, S. 12ff.
3) in HDStR II, S. 129ff.
4) Über Begriff und Arten der Rechtsprechung, in Festschrift für Richard Thoma zum 75. Geburtstag, Tübingen 1950, S. 21—70 (27).
5) A. a. O., S. 49.
6) Verfassungsrechtsprechung und Verfassungsgericht, in Recht, Staat, Wirtschaft, Bd. IV, Düsseldorf 1953, S. 203—226 (206).
7) Verwaltungsrecht I, S. 56—61.
8) Anderer Ansicht Ulrich Scheuner, Probleme und Verantwortung der Verfassungsgerichtsbarkeit in der Bundesrepublik, in DVBl. 1952, S. 293—298 (296) und Josef Wintrich, Aufgaben, Wesen, Grenzen der Verfassungsgerichtsbarkeit, in Vom Bonner Grundgesetz zur Gesamtdeutschen Verfassung, Festschrift zum 75. Geburtstag von Hans Nawiasky, München 1956, S. 191—210 (204), der nicht zwischen Rechtsprechung im formellen und materiellen Sinn unterscheidet.
9) Vgl. Carl Schmitt, Hüter, S. 37.

„Entscheidung eines Falles" als Begriffsmerkmal für Rechtsprechung eliminiert die selbständige Normenkontrolle; jene weist in die Vergangenheit, diese in die Zukunft, jene meint die rechtliche Ordnung eines bestimmten Falles, diese betrifft den Bestand der Rechtsordnung im allgemeinen. Selbstverständlich gehört die Auffindung einer gültigen Norm zur richterlichen Tätigkeit. Es ist aber ein Unterschied, ob ein Gericht ein von ihm für ungültig gehaltenes Gesetz nicht anwendet, oder ob es mit Gesetzeskraft dessen Aufhebung verkünden kann.

Entscheidung auf Grund eines Gesetzes oder richtiger, in Anwendung des geltendes Rechts (durch Rechtserkenntnis) bedeutet das wichtigste Merkmal rechtsprechender Tätigkeit: deren Normengebundenheit. Gemeint sind subsumtionsfähige Normen, geschriebene oder ungeschriebene Rechtssätze (nur) des — richtig verstandenen[1]) — positiven Rechtes, aus denen der Richter seine Entscheidung ableiten kann. Das setzt voraus, daß das Gesetz den Inhalt der Entscheidung bereits potentiell enthält.

Auf diesem Hintergrund wird verständlich, daß Montesquieu der richterlichen Funktion keine Herrschaftsgewalt und daher kein politisches Eigengewicht (en quelque façon nulle) zuspricht, und die Richter „den Mund" nennt, „der die Worte des Gesetzes ausspricht, willenlose Wesen, die weder seine Schärfe noch seine Strenge zu mildern vermögen"[2]). Diese bis heute gültige Formulierung darf nicht dahin mißverstanden werden, als sei der Richter danach nur „Subsumtionsautomat". Nicht Wertung und Entscheidung innerhalb, sondern solche „oberhalb" der Rechtsanwendung werden untersagt; der Richter ist an die Wertung des positiven Rechts gebunden.

Der angeführte Satz Montesquieus darf nicht isoliert genommen werden; er setzt einen Gesetzesbegriff voraus, der eine Identifizierung von Recht und Gesetz rechtfertigte[3]). Seitdem die Überzeugung von der notwendigen Rationalität des Gesetzes seinem Verständnis als volonté génerale gewichen ist, hat sich hier eine gründliche Wandlung vom „legitimen" zum illegitimen Positivismus vollzogen. Ein allzu berechtigtes Mißtrauen gegen den (lies: die) Gesetzgeber besteht, den der Verfassunggeber durch Art. 20 III GG Rechnung trug, wonach die Rechtsprechung an Gesetz und Recht gebunden ist.

Es gibt nach dem Bonner Grundgesetz keine Parlamentssouveränität im hergebrachten Sinne mehr, und es gilt zu unterscheiden zwischen dem pouvoir constituant und den auf ihm basierenden pouvoirs constitués. Auch den Volksvertretungen kann der Sinn für den Wert der Per-

---

[1]) Vgl. Hans J. Wolff, Rechtsgrundsätze, a. a. O., S. 34f.

[2]) Montesquieu, De l'ésprit des lois. Deutsche Ausgabe v. E. Forsthoff, 2 Bde, Tübingen 1949; vgl. Bd. 1, Buch 11, Kap. VI, bes. S. 220 u. 225.

[3]) Vgl. Eberhard Schmidt, Gesetz und Richter, Wert und Unwert des Positivismus, Karlsruhe 1952, S. 6.

sönlichkeit verlorengehen. Zum Schutz dieser Individualsphäre hat der Verfassunggeber Rechtsgrundsätze anerkannt, die auch den Gesetzgeber binden und deren Befolgung richterlicher Nachprüfung unterworfen ist. Die unselbständige (inzidente) sog. Normenkontrolle ist durch das GG heute jedem Richter zur Pflicht gemacht. Ob sie auch materiell Rechtsprechung ist oder Gesetzgebung, läßt sich m. E. nicht generell sagen. Es dürfte wohl davon abhängen, in welchem Verhältnis der Abstraktivität jeweils die Grundrechtsbestimmung und der zu prüfende Rechtssatz zueinander stehen.

2. Systematischer Ort für die Anwendung des Gleichheitssatzes

Nach dem eben Gesagten ist die Einordnung[1]) der „Anwendung des Gleichheitssatzes" möglich.

Allgemein wurde bereits die selbständige Normenkontrolle (aus außerhalb des Gleichheitssatzes liegenden Gründen) nicht zur materiellen Rechtsprechung gezählt; denn sie betrifft nicht die Entscheidung eines konkreten Falles. Sie ist materiell: derogierende Gesetzgebung (bei der autoritativen Aufhebung eines Gesetzes)[2]) oder juristische Begutachtung (bei der Feststellung der Verfassungsmäßigkeit eines Gesetzes)[3]). Gesetzgebung ist auch eine etwa gemäß Art. 93 I 1 GG stattfindende authentische Auslegung des Inhaltes von Art. 3 I.

Komplizierter, wenngleich eindeutig zu klären[4]), ist die Beantwortung der Frage, wann die „Anwendung" des Gleichheitssatzes auf einen Sachverhalt (mit Einbezug einer evtl. notwendigen inzidenten Normenkontrolle) materiell Gesetzgebung wird, also die Bestimmung der Grenze zwischen richterlicher Rechtsfindung und gesetzgeberischer Rechtsgestaltung, zwischen Sinndeutung und Sinngebung bei Art. 3 I. Unterscheidungskriterium dürfte das die Justitiabilität kennzeichnende Merkmal der berechenbaren Rationalität sein. Damit ist nicht eine Voraussehbarkeit richterlicher Ermessensentscheidungen gemeint; berechenbare Rationalität bedeutet, daß der Obersatz für den juristischen Syllogismus eindeutig (d. h. ohne Alternativmöglichkeit) aus dem Gleichheitssatz gefolgert werden kann.

---

[1]) Dabei ist zu betonen, daß die Grenzziehung konkret ungleich schwieriger ist.

[2]) Daran ändert nichts, daß ein solches Urteil an sich nur deklaratorische Bedeutung hat, also eigentlich nur einen Zweifel beseitigt.

[3]) Vgl. die ähnliche Formulierung bei Schmitt, Hüter, S. 50.

[4]) A. A. Leibholz, in AöR 1927, S. 22, nach dem sich „die gesetzgeberischen Funktionen nicht scharf von den technisch-richterlichen (?) Aufgaben scheiden" lassen. Der Richter entnehme die „essentiellen Sätze seiner Rechtsentscheidungen meist nicht dem vom Gesetzgeber kodifizierten Recht ... die abstrakt hypothetischen Normen" schwebten „ohne das vom Rechtssatz unabhängige subjektive richterliche Werturteil geradezu in der Luft, das aber nicht nach individueller (?) Willkür, sondern unter Zugrundelegung objektiver (welcher, wenn vom Rechtsatz unabhängiger ?) Maßstäbe gefällt" werde.

Treffend wurde das von Karl Larenz[1]) formuliert: Der Richter könne eine Entscheidung in dem Sinne treffen, daß nur eine Entscheidung richtig ist; es sei aber auch denkbar, daß mehrere Entscheidungen richtig sein können. So könne mit dem Gleichheitssatz[2]) sowohl der Güterstand der Gütertrennung als auch der der Errungenschaftsgemeinschaft vereinbar sein. Hier beginne die funktionelle Aufgabe zur Rechtsfortbildung durch den Gesetzgeber[3]).

Nun ist freilich zu berücksichtigen, daß u. U. berechenbare Anschauungen des Verkehrs und der Sitte zur Erlaubtheit bestimmter Differenzierungen bestehen und daher trotz der Inhaltsarmut des Gleichheitssatzes eine Ableitung gestatten[4]). Auch sind Fälle denkbar, deren Entscheidung sich aus Art. 3 I GG eindeutig ableiten läßt.

Wo dagegen ein mit dem Grundsatz konsonanter Rechtssatz (als eine von mehreren Möglichkeiten) gebildet werden muß, um einen Rechtsstreit entscheiden zu können, handelt es sich insoweit um Gesetzgebung im materiellen Sinne, obwohl solche Entscheidungen nur inter partes wirken. So ist dem OLG Frankfurt[5]) zuzustimmen[6]), wenn es die Ausfüllung des durch Art. 3 II GG entstandenen rechtsleeren Raumes im Familienrecht als legislatorische Aufgabe bezeichnet. Diese gesetzgeberische Gestaltung sei unerläßliche Voraussetzung der Rechtsprechung.

In der Regel wird man den Bereich materieller Rechtsprechung bei einer inzidenten ‚Normen'kontrolle weiter fassen dürfen als bei einer Fallentscheidung auf Grund des Gleichheitssatzes[7]). Denn während der Richter hier positiv Recht schöpfen muß, kann er sich dort auf die Kassation beschränken, ist es doch leichter, im Wege richterlicher Tätigkeit festzustellen, ob ein Rechtssatz den von Art. 3 I gesteckten Rahmen überschreitet, als angesichts schwieriger Interessenlagen positive Folgerungen aus dem Gleichheitssatz zu ziehen[8]).

Die Anwendung des Gleichheitssatzes stellt sich somit teils als Rechtsprechung, teils als Gesetzgebung im materiellen Sinne dar.

---

[1]) Karl Larenz (Diskussionsbeitrag) in: Heinz Paulick, Bericht über die Tagung deutscher Zivilrechtslehrer in Bad Schlangenbad am 16. und 17. 10. 1953, in Archiv für Civilistische Praxis, Bd. 153 (1954), S. 176—182 (181).

[2]) Gemeint ist Art. 3 II GG.

[3]) Vgl. auch Franz Adler, Der Grundsatz der Gleichheit vor dem Gesetze und seine Bedeutung in den modernen Verfassungen, in Nation und Staat, 5. Jg. (1931/32), S. 217—237 (235), der die „dem Gesetzgeber von der Verfassung überlassene diskretionäre Entscheidung über die Detailausführung des Gleichheitssatzes" vom Richter respektiert wissen will.

[4]) Dazu ein Beispiel: Die Befreiung der Kinder von Universitätsbediensteten von der Entrichtung des Hörgeldes.

[5]) Beschluß v. 22. 4. 1953 in NJW 1953, S. 746—748 (747r).

[6]) Vgl. auch Hans Schneider, Verfassungsrechtliche Vorfragen zur Gleichbehandlung von Mann und Frau, in NJW 1953, S. 889—891.

[7]) Mitunter wird jene freilich diese nach sich ziehen.

[8]) Vgl. Hans J. Wolff, Rechtsgrundsätze. a. a. O., S. 46.

II. Die Aufgabe der „Anwendung“ des Gleichheitssatzes

(Im Hinblick auf die Praxis der Gewaltengliederung)

Der letzte Passus der Untersuchung gilt der Frage, wie die Tatsache zu beurteilen ist, daß der Richter heute ermächtigt (und sogar verpflichtet) ist, „die Rechtsgrundsätze zu konkretisieren . . . , die wegen ihres Mangels näher positivierter inhaltlicher Bestimmtheit erst der Konkretisierung durch den Richterspruch (!) bedürfen“[1]). Damit begeben wir uns in den Raum rechtspolitischer Erwägungen. Es lassen sich m. E. sowohl ernste Bedenken erheben als auch (vordergründige) Vorteile geltend machen.

1. Bedenken gegen diese Situation

Bedenken lassen sich zunächst erheben wegen einer Gefährdung der Rechtssicherheit durch uneinheitliche Lösung gleicher Rechtsfragen. Denn der deutsche Richter weiß sich dem Gesetz enger verpflichtet als etwa der Richter des angloamerikanischen Rechtskreises[2]); er hat es nicht gelernt und ist es nicht gewohnt, aus allgemeinsten Prinzipien ein case-law oder „judge made law“ zu entwickeln[3]). Diese enge richterliche Bindung setzt eine besondere Verantwortung des Gesetzgebers voraus, die unvertretbare Verantwortung, daß in den Gesetzen Urteilsmaßstäbe zur Verfügung gestellt werden, deren nach wissenschaftlichen Grundsätzen richtig und methodisch einwandfrei erfolgende Anwendung auf den konkreten Fall ein gerechtes Urteil gewährleistet. Nichts stört die Ordnung des Staates mehr, als wenn der Gesetzgeber das, was er zu leisten hat, dem Richter auflädt, wenn er aus seiner Verantwortung flieht und sie dem Richter aufbürdet[4]), der sie in seiner Funktion nicht wahrnehmen kann. Zur Bewältigung dieser Aufgabe ist eine sehr subtile und schwierige juristische Gedankenarbeit erforderlich, die sich auf übergeordnete, an der Gemeinwohlgerechtigkeit orientierte Gesichtspunkte des Gesetzgebers stützen sollte.

Ein weiteres Bedenken fußt auf dem Rechtsstaatsprinzip, das einen durch Zwischenschaltung des Gesetzes rechtsstaatlich geordneten Verfassungsvollzug verlangt[5]). Wenn der Richter stellvertretend für den Gesetzgeber Wertungen vornimmt, wird ein wesentliches Glied in diesem Konkretisierungsprozeß einfach ausgelassen; von daher ist es kein weiter Weg mehr, daß auch die Exekutive unmittelbar „auf Grund der Verfassung“ zu unberechenbaren Zwangsmaßnahmen schreitet.

---

[1]) Josef Wintrich, in: Ansprachen zur Amtseinführung des Präsidenten des BVerfG, Dr. Josef Wintrich am 9. 6. 1954, Karlsruhe 1954, S. 31.

[2]) Vgl. Eberhard Schmidt, a. a. O., S. 7.

[3]) Entsprechende Vorschläge finden sich bei Zweigert, Gleichberechtigung — judge made? in JZ 1953, S. 248. Nach Ansicht von Schneider, a. a. O., S. 890, enthält dieser Hinweis für uns eine eher warnende als ermunternde Lehre.

[4]) Vgl. Eberhard Schmidt, a. a. O., S. 8.

[5]) Vgl. Carl Schmitt, Rechtsstaatlicher Verfassungsvollzug, Rechtsgutachten, 1952.

Schließlich sieht man auch einen Verstoß gegen das Gewaltenbalancierungssystem[1]), weil die rechtsprechende Gewalt durch den (notwendigen) Übergriff in den Bereich der Legislative ihre Neutralität zu verlieren droht, wenn von ihr politische Entscheidungen verlangt werden.

Eine grundsätzliche Verschiebung innerhalb der Gewaltengliederung wird von der Normenkontrolle am Maßstab des Art. 3 I gefürchtet. Ipsen[2]) spricht von einer Überordnung der Rechtsprechung über die Legislative, überschätzt aber die Möglichkeiten der richterlichen Gewalt, sofern sie sich auf eine rein kassatorische Tätigkeit beschränkt und damit innerhalb ihrer Normengebundenheit verbleibt.

2. Vorteile dieser Situation?

Die „Anwendung des Gleichheitssatzes" durch die rechtsprechende Gewalt hat dennoch auch einen entscheidenden Vorteil. Denn nur theoretisch ist heute der Gesetzgeber dazu noch besser imstande. In Wahrheit droht der Gesetzgeber die Repräsentation echter Staatlichkeit einzubüßen und zum „Verteiler" zwischen ihn umgebenden organisierten Interessen, nicht über diese, zu werden. In seine Verteilungspolitik spielt in periodischen Abständen die Sorge um seine Wiederwahl hinein. Zwischen Exekutive und Legislative besteht zudem kein echtes Spannungsverhältnis mehr, weil sich in beiden der Einfluß derselben oligarchischen Gruppen und Verbände geltend macht.

Dengegenüber bilden die Gerichte und das Staatsoberhaupt noch einen Hort der Neutralität, eine über den Parteien und Interessen stehende neutrale Instanz. Die hergebrachten Garantien der Unabhängigkeit des Richters verwehren den Interessengruppen eine Einflußnahme auf die Rechtsfindung der Gerichte. Die Justiz (im weiteren Sinne) ist der Teil des Staates, den die Gesellschaft noch nicht erobert hat, sie ist der neutrale Kern des Staates[3]). Von ihr wird man noch am ehesten sachliche Entscheidungen und Differenzierungen erwarten dürfen. Dem und den integren Richterpersönlichkeiten entspricht auch die hohe Autorität, die die Gerichte heute noch immer genießen. Das hat nicht zuletzt seinen Grund darin, daß hinter der dritten „Gewalt" ein konkretes deutsches Richtertum steht, „das inmitten aller Auflösung der Ordnungen in unserem Volke noch eine gewisse ständische Gechlossenheit und das Bewußtsein einer eigenständigen Aufgabe bewahrt hat. Die Unabhängigkeit der deutschen Rechtspflege ist — bis heute wenigstens — keine bloße Illusion. Aber die Substanz dieser ständischen Geschlossenheit des Richtertums beruht nur auf den hier noch geretteten Tugenden

[1]) Vgl. Schneider, a. a. O., S. 890 und Karl Canter, Gleichberechtigung und Richterrecht, in NJW 1953, S. 850ff.

[2]) A. a. O., S. 162f.

[3]) Vgl. das höchst aufschlußreiche Buch von Joseph H. Kaiser, Die Repräsentation organisierter Interessen, Berlin 1956, insbesondere S. 292—307.

und Elitevorstellungen der deutschen Beamtentradition. Wie lange das noch standhalten wird, ist eine offene Frage. Denn die Ereignisse zeigen deutlich genug, daß man die ständische Geschlossenheit der Justiz gerade nicht als Erfüllung des Gewaltenteilungsgedankens dankbar aufnimmt und weiter hegt, sondern daß man ihr mit Mißtrauen begegnet und sie im Prinzip negiert“ [1]).

Wägt man Vor- und Nachteile gegeneinander ab, so wird man zunächst geneigt sein, die Anwendung des Gleichheitssatzes möglichst ganz dem Richter anzuvertrauen. Aber genaueres Zusehen gebietet für solche Wünsche größte Zurückhaltung, denn jede politische Aufgabe mindert ja gerade jene Vorzüge des Richtertums, zehrt sie doch weiter an dessen Substanz und damit am letzten Rest überkommener Staatlichkeit.

Nachtrag zu dem nach Abschluß vorliegender Untersuchung erschienenen Werk von Josef Esser, Grundsatz und Norm in der richterlichen Fortbildung des Privatrechts, Tübingen 1956.

Nach Esser sind Rechtsprinzipien solange keine Rechtssätze und Rechtsnormen im technischen Sinn, als sie keine Weisung unmittelbarer Art für einen bestimmten Fragenbereich enthalten, sondern die Ausprägung solcher Weisungen erst verlangen oder voraussetzen, d. h. der sinn-bestimmten Konkretisierungen bedürfen (S. 52).

In dieser Hinsicht unterscheidet er ‚normative‘ Prinzipien, die bereits institutionell in der Rechtsordnung verkörpert sind, da sie ganzen Komplexen von Rechtssätzen und Institutionen zugrundeliegen, und ‚informative‘ Prinzipien, die erst noch einer ‚Transformation‘ ins Juristische und einer eindeutigen rechtlichen Ordnungswahl bedürfen (S. 75).

Letztere, zu denen er u. a. Art. 3 II GG rechnet — Art. 3 I wird nicht erwähnt —, sind als solche nur Postulate, ‚guides‘ im Sinne der anglo-amerikanischen Rechtstheorie. Zu positivem Recht werden sie erst, wenn sie durch rechtsbildende Akte der Gesetzgebung oder Rechtsprechung in der Rechtsordnung institutionell verkörpert worden sind.

Diesen Positivierungsvorgang, einen „intentionalen Rechtsschöpfungsakt des sozialen Handelns mit Rechtswirkung“ (S. 137), bezeichnet Esser als Rechtsquelle. Im Umfang dieser Tätigkeit hat die Rechtsprechung als Institution für ihn Rechtsquellencharakter (S. 139).

Essers Auffassung stimmt mit der hier vertretenen überein, insofern er in der Konkretisierung der Rechtsprinzipien einen rechtschöpferischen Vorgang, der über eine Rechtsanwendung im herkömmlichen Sinn hinausgeht, sieht, den Rechtsprinzipien als solchen also nicht den Charakter berechenbarer Justitiabilität zuerkennt.

Sie weicht davon ab, insofern Esser den Rechtsprinzipien als solchen nicht nur (auf der rechtslogischen Ebene) den Rechtssatzcharakter, sondern auch (gleichsam auf der rechtsontischen Ebene) ihren Rechtsquellencharakter abspricht und sie lediglich als ethische, politische usw. Postulate betrachtet. Das erklärt sich teils aus Essers soziologisch-institutionellem Rechtsquellenbegriff, teils daraus, daß er die Möglichkeit rationaler Ableitungen aus den Rechtsprinzipien grundsätzlich leugnet.

---

[1]) So Werner Weber, Spannungen und Kräfte im westdeutschen Verfassungssystem, Stuttgart 1951, S. 45. — Man denke an Richterwahl und Richteranklage.

Münsterische Beiträge zur Rechts- und Staatswissenschaft

Herausgegeben
von der Rechts- und Staatswissenschaftlichen Fakultät der Westfälischen Wilhelms-Universität in Münster

Bereits erschienen:

Heft 1

Wurzel, Wandel und Wert der strafrechtlichen Legalordnung

von

Dr. Dietrich Oehler, Privatdozent

Oktav. XVI, 217 Seiten. 1950. DM 9,—

Heft 2

Wechsel- und Scheckrecht unter Berücksichtigung des ausländischen Rechts

von

Professor Dr. Ernst Jacobi †

Oktav. XV, 1057 Seiten. 1955. Halbleder DM 106,—

Heft 3

Die Wahlverfahren und ihre Vereinbarkeit mit den demokratischen Anforderungen an das Wahlrecht

von

Dr. jur. Heribert Westerath

Oktav. VIII, 71 Seiten. 1955. DM 7,25

Heft 4

Der strafrechtliche Schutz bei den Sicherungsrechten des modernen Wirtschaftsverkehrs.

Zugleich ein Beitrag zur Lehre von der Abhängigkeit des Strafrechts vom Zivilrecht

von

Rechtsanwalt Dr. jur. habil. Jürgen Baumann

Oktav. XV, 260 Seiten. 1956. DM 30,—

Kolibri 360 GmbH
Ferdinand-Jühlke-Straße 7
99095 Erfurt, Deutschland
produktsicherheit@kolibri360.de